爲孩子張開夢想的翅膀

落山風老師
愛的教育週記

二水國中
52年來第一位
師鐸獎得主
楊傳峰

9

10

7 8

推薦序：用愛點燃希望

楊傳峰老師話不多，卻有一顆愛孩子的炙熱心。

對鄉土有著濃厚感情的傳峰老師的教學非常「不傳統」，對於叛逆、愛蹺課的學生，楊老師總是讓他們盡情傾訴，自己靜靜聆聽、陪伴，孩子通常會重拾初心，回到教室。

學生口中的「阿峰」、「峰哥」親切隨和，可是面對僵化的教育制度，內心總是澎湃不平。出身清寒的傳峰老師知道城鄉「差異」的冷酷，偏鄉孩子國中畢業，往往貧困世襲已定。

所以傳峰老師心心念念的就是點燃每個孩子夢想的小火苗，「打開視野，讓孩子追夢！」有了夢想，孩子們的未來就有了展望，看到學生們有方向、有信心、願意學，傳峰老師再苦也甘。

在「愛的教育週記」裡網羅了很多孩子尋夢的故事，老師與學生之間的對話或許有些無厘頭的搞笑，但他對孩子卻是永不止息的關懷與鼓舞。傳峰老師這本書值得老師、家長、學生們細細品味，在燥鬱的夏季，格外清涼溫馨。

——**李濤**，知名主持人，關懷台灣文教基金會董事長

推薦序：學校是辦教育，不是辦監獄

每次匆匆見面，我總是抱怨：「你把時間都奉獻給學生了，老婆不叨唸才怪。」

「學長，等一下遇見我老婆，千萬別說漏嘴我要帶孩子去爬合歡山！」傳峰又再一次耳提面命，只要我乖乖吃飯就好。我在想：「當老師需要玩這麼大嗎？」

傳峰是早我一年榮獲師鐸獎的優秀學弟，在彰化縣名氣不小，原因包括他和當時任職訓育的蕭建峻老師幫助二水國中管樂隊轉型，當學務主任時更協助校長結合社區跟學校，弄得有聲有色。

「你是不是覺得教育在要求孩子『分數』上常和老師劍拔弩張？但現在，我可以看到孩子在社團裡生龍活虎、互助合作，跳脫了教室的局限，用嶄新眼光就能看到孩子的好。學長，學校是辦教育，不是辦監獄！」這是傳峰很震撼人心、引人省思的話。

傳峰打開話匣子，「分數，簡直在霸凌偏鄉教育！我一直認為城鄉之間不存在『差距』，而是存在『差異』。教育不只要提升『智力』，更要重視『能力』！」

我嘆口氣，「是啊，但是有幾個人像你這麼勇敢，能拋開傳統束縛，帶孩子上天遁地、爬山下海的？」

傳峰仰著頭，「我有一個夢，夢想有一天能以大自然為教室，帶孩子看雲，聽雨，賞花，走山，觀海……。」我羨慕著。

「我跟你不一樣，我想把家變成孩子的K書地方，陪他們讀書做功課，簡簡單單到老。」

此刻傳峰「啪」一聲拍著腿，咧嘴而笑，「學長，我們真是天生一對，相見恨晚。」我差一點沒吐滿地，「這麼噁心的話虧你說得出口！去──去──去──」我擺擺手，要他滾。

「你想想嘛，白天我把學生教好，晚上送去你家，這不是剛剛好？冥冥之中上天就是這樣安排好，多巧！」

「是是是，白天你做馬，帶孩子馳騁天地；晚上我做牛，甘願來拖磨。這如意算盤虧你打得出來！」

「這做牛做馬的典故用在我們身上最合適。」看傳峰笑得魚尾紋活靈活現。

「ㄟㄟ，聽說蕭敬騰送你一套鼓？」
「你連這也知道，莫非掐指算的？」
「你神經哩，這事新聞報很大，那鼓價值不斐，而且是巨星送的，算是鎮校之寶，可以傳為佳話了。」
傳峰點點頭一副得意，「鼓送來的時候，全校為之瘋狂；當鼓手打起鼓那副神氣模樣，簡直是蕭敬騰附身，星光燦爛呦。」
「你的祈求，也許上天聽到了。對於二水這偏鄉，有你的守護，孩子幸福滿分。」
一路上，走走停停，停停走走，好多話想說，畢竟系出高師同門，又同是彰化偏鄉教師，夠神奇的更是——我們都姓「楊」。
分手後我約傳峰半年後再次碰面。
「傳峰，你神龍見首不見尾。說！最近又搞什麼名堂？」
「我、我、我受邀參加『北京．教育論壇』。」
手上杯子差點掉下地，「蝦咪！你已經躍身國際級大師行列了！這真是驚天動地的好消息呢！你的主題是？」
「〈教育即生活〉。」傳峰接著說：「受教育是用來過生活的，我要孩子從生活中學會自理自足，自立自強。讓教育思路活起來，這是我的主軸。」

「哇賽，大師所言甚是，小弟我甘拜下風，大師在上請受我一拜。」此時不巴結他更待何時。我推推他，這小子紅到對岸了。

與此同時，傳峰抓抓頭，靦腆地遞了一份書稿給我，「我、我、我要出書了。」

「蝦咪！我沒有聽錯吧？第二本了。你這麼忙，分身有術喔。我對你的景仰，如滔滔江水連綿不絕，更有如黃河氾濫，一發不可收拾啊！請傳授我一天四十八小時祕方。」

「學長別消遣我了，我有一事相求。」

「大師請講。」

「我想邀你寫序。」

我裝作非常為難模樣，「我文筆又沒有你好，而且最近身體痠痛得要死，醫生吩咐我要多出去散心，呼吸新鮮空氣——你也知道我是宅男——一個人在家會悶出病的。如果我不走出去，身體就不會好；身體不好，思路就不清楚；思路不清楚，萬一寫壞你的序，那……。」心想，一定要好好利用這個千載難逢的機會，他只會帶學生出去，把我這個老人家丟著，一定要揶揄一下。

「好啦，好啦！我知道了啦，我專程『開車』載你去『爬山』，得了吧？」傳峰無奈補上，「奇怪，學長，我怎麼老覺得你很幼稚。」

「啊，你不是喜歡當老師，這是你最喜歡做的事啊，我委屈自己享受當你學生的滋味耶！你都不知道我有多麼委屈……。」

是的，傳峰是天生當老師的料，因為他是我遇見最棒的老師。

——**楊志朗**，POWER、SUPER、師鐸獎得主，彰化鹿鳴國中教師

推薦序：因為溫柔，所以強大

二〇一一年，彰化縣 SUPER 教師獎訪視，在雲霧繚繞，後山還有野猴恣意縱躍的二水國中，初見傅峰。那年他是參賽者，憨厚靦腆的笑容搭配素樸的送審資料，沒有一絲明星老師光環。可一進教室上課演示，他頓時轉型，活靈活現，旁徵博引，妙語如珠。

即使優秀，那年他並沒有成為首獎，鹿鳴國中的楊志朗老師，傾家蕩產、捨棄健康去愛學生，著實耀眼。只好遺珠抱憾。

可我對傅峰已經留下深刻印象。

他在隔年獲得教師會肯定，並於二〇一三年得到師鐸獎，我覺得欣慰，因他真的實至名歸。

有了臉書（Facebook）之後，因緣際會，我們成了臉友。我看著他帶著學校管樂隊練習、出征，和學生騎車環島，去泰北送文具，還有他和一對子女阿牛、阿妹的親子互動，總是滿滿感動。

他是藝術家。他知道如何和學生對話相處，親暱又不流於狎戲。他以素樸的語言陪伴孩子，引導他們走向希望。現實的教學現場就是一幕幕反覆又極其瑣碎的日常，但正因是日常，這樣日復一日無怨的反覆、無悔的堅持，都有了意義。

他是夢想家。他總相信孩子，願意等待。總給年少輕狂的他們一點台階下，總會在背後適時輕輕推一把。他知道生命有無限可能，因為他自己就是經由教育而改變生命的人。他安靜沉穩的氣質永遠是孩子最強大的庇護。

他是行動家。他選擇和孩子同一國。偏鄉的孩子最需要的就是陪伴，是彎下腰、蹲低身子、沒有高低評價的那種陪伴。他試著以各種活動，為孩子開啟無數窗口，讓孩子看到不同的世界，而他永遠打頭陣。

謹以此文，獻給這個天樣遼闊海樣深邃的男子漢，如山高峻如水流長的真朋友，佛般慈悲仙般善解的好老師。人生何其有幸，結識這麼美好的靈魂！相信我們會在這麼溫柔的文字當中，對教育更有信心，對生命更有盼望。

——**王雅玲**，《別怕！白雪老師在這裡》作者，彰化陽明國中退休教師

推薦序：朵朵盛開的教育花園

當初閱讀《孩子，我和你們同一國》的時候，我被作者楊傳峰老師的風範深深吸引，他帶我回到他孩童的時代，也帶我看見二水鄉學子的內心，當翻轉教育成為趨勢的時候，他卻指出學習的旅程時而步履艱辛，又時而享受陽光的慶賀，呼籲用心去感受每一段學習的過程，而不是只著眼學習的成敗。

與傳峰熟識的緣起則來自於樂隊的活動，「踩街」最大的目的是要讓學生知道，他們才是二水街道上的主角而不是樂聲的配角。在雨中，我看見一位老師跟學生一樣淋著雨走完整條二水街，讓我感受到他對於學生的熱情，這已不能用「老師」來形容，而是「夥伴」——因為只有夥伴才知道同伴的內心、缺憾、眼淚，甚至是為同伴尋找舞台建立能力與自信。

在他的新作《為孩子張開夢想的翅膀》一書中，你看不見好高騖遠的教育理論，當然更不會出現為取悅讀者而故作曇花一現的激情，而是將教育現場所看不見的心血點滴化為字字珠璣，流露出真正教育者的真性情。我看見父親對於孩子未來的期待，更看見這位父親帶著相同的心境，面對許多不是阿牛的孩子。這讓我想起一句話：「一日為師，終生為父。」此書正緩緩訴說著對於孩子的未來該如何盡力疊磚造屋的情感。

我很喜歡二水國中，裡面有許多年輕老師都相當熱情，就像照顧花園的農夫一樣，給予學生許多不同的學習指引與陪伴。而在這本書，你看見的不一定是老師的偉大，而是老師眼中許多學生的故事。有一次我準備鼓起勇氣拜託傳峰協助輔導一位學生的情緒，當時我腦中浮現出很多畫面，其中一個畫面是他說出：「下班了！他的家庭我干預不到。」但事實上，他毫不猶豫一口氣答應，實在給足了我繼續陪伴孩子的勇氣。看見他一次又一次鼓勵學生與家庭使我深受感動，雖說不是每一次的鼓勵都會帶來正面效果，但卻讓我感受到他所要的不是結果，而是「做了沒？給了沒？可以再做一次嗎？」的態度，如同花園的僕人一次又一次的澆水、除草、顧守。

其實，我不喜歡「偏鄉」這個詞，它帶著「缺乏」的意思，然而在本書中並沒有這樣的無力感，反而帶給我許多教導與啟發。當孩子在教育的路途上，以為人生只剩下國、英、數和分數的時候，傳峰卻用旅行的眼光帶孩子看看另外一個世界，體驗另外一種感受。

我認識一位孩子，他告訴我吃饅頭每一口都要咀嚼三十至四十次，就可以「省錢」不增加家庭負擔，他講得很堅定而我卻聽得很震撼；又有一位孩子，身為女性卻會駕駛農耕機，長大後積極挑戰聖母峰。這些積極的思考能力，都曾在這座花園中被不同卻又適時的方式澆灌過，他們也都用自己的方式訴說著自己生命淬鍊的過程。二水國中這一座教育花園還有許多不同的故事正在朵朵盛開，而傳峰總是精準地描繪出他們在學習成長過程中的轉變，這些故事讓身為父親的我思考孩子的未來並非只是單行道，也讓身為牧師的我看見生命的樣態並非局限於一種成功的模型。這些故事不是談論教育成功之道，而是藉著深邃的文筆一再告訴我，即使是資源最少的學生也有許多成就的機會，只要給他們舞台、時間、夥伴和策略，就如傳峰所說：「如果我們是園丁，不要因為澆花施肥時被刺傷就停止，我們該做的就是繼續澆花施肥，並記住花園裡的花的特質。因為，他們都很美」。

——李盈賢，二水基督長老教會牧師

推薦序：跨越大洋的感動

為了給台灣的偏鄉學生們有豐裕的原汁原味英文書，我們結緣了。幾次隔空交手、溝通，我們發現彼此是物以類聚，同樣用心、努力在不同的地點做同一件事：給台灣的下一代正面的、健康的、啟發的寬廣大門，不管周遭環境如何變化，我們深信還是有我們可以努力做，並且可以做到最好的機會與本錢。

去年感恩節先生回台，我跟麗珠表姐在美，女兒問我們怎麼過感恩節，我告訴她我倆只想努力讀傳峰的書。

我很喜歡閱讀傳峰的臉書小文分享，以及他寫的書，因它細水長流，文筆簡單，但要細嚼慢嚥。他總能把幾段過程隨意列出，但重點卻交代清楚。

書中〈我想回學校義剪〉那一篇，描述偏鄉小孩學了技術想回饋故鄉，也想讓老師看到幾年不見又進步不少的自己，這就是傳峰老師教育成功的例子。我認為教育要追求的不一定是成績好、進名校才叫成功，傳峰的教育互動讓我欣賞，也讓我感動。

當年我出差在北卡羅萊納州路上與黑人司機閒聊，我們談到孩子的教養，他一直強調：「對十三歲以上的孩子要使用問句。」這一點和我的想法相吻合，而本書中就經常出現這樣的觀點，其中最重要，也最讓我刻骨銘心的是，每次處理學生的問題，傳峰都一再使用問句，同理心、耐心地站在平等地位上，引導孩子們去思考、檢討，不輕易幫忙，不隨便下結論，一再給予孩子機會——這不就是理想國度的一景？

很高興傳峰再度出書，裡面篇篇都是精髓，都是傳峰身教教學的分享。我引頸盼望能盡快捧讀。

——**Amy Lin**，Books For Taiwan 負責人

9/ 九月，開學了

學校與家

分數與興趣

祖與孫

師與生

在相互理解的過程

互相矛盾

愛可以是一種解釋，或

藉口

因為愛裡不該有太多對錯

太少包容

家到學校的距離

9月 WEEK 1

經過漫長的暑假，學生又要回到學校。暑假是很好的空白時間，可以讓人沉澱、思考，就連藉此學會如何安排時間也很重要，但對某些學生來說，這樣的長假就是自由到來，也就是可以放縱自己了。有家庭陪伴的孩子已經有一套「習慣」，知道什麼時候該做什麼，但對有些家庭功能不足的孩子，學校才是形塑規矩的地方，放假如遇大赦，生活步調便可按照自己的意思安排，任意揮灑，日夜顛倒也無妨。這樣的習慣養成之後，「開學」便像是被套上緊箍咒，誰想辛苦去西天取經？水濂洞的生活可是無比優游自得啊！

來到「他」的水濂洞前，我試著抽離自己，告訴自己今天來的不是「老師」，而只是鄰居或朋友。不過當我咿呀一聲推開客廳紗門，迎面所見的是上一餐的廚餘、使用過的泡麵碗、被撕開的糖果紙以及凌亂的供桌，三、四坪大小的客廳不知哪來的空間，竟然還遍布沒有摺好的衣服、換洗下來的衣褲、書包、課本、作業，日常用品在右邊沙發上，而文具（如果那些東西還算是的話）、食品就在左邊的牆角。

我在這個場景前發呆許久，腦中閃過各種可能，唯一沒有閃過的是：他在家裡！但我沒有被眼前的景象震懾住，因為我也來自這樣的環境，而他不在家裡的原因我也能稍稍體會。

客廳左邊有條走道，直抵廚房，窄狹僅供一個人通行，兩間房間就在這條走道邊。在推開房門前，我陷入沉思：既然知道他不會在家，我是否該推開房門？最後，我決定先了解困住他的牢籠有多牢固，推開門後我發現我錯了，在我眼前的不是牢籠，而是一道深淵，深不見底，只有無盡的黑，得適應幾秒鐘，瞳孔才能看到一點點。

「在這樣的環境如何看到未來？」我在心裡吶喊。

第二天下午，我又利用沒課的時間去他家等他。兩點多來了訪客，原來是姑姑，姑姑說她弟弟剛去世時她也住在這裡，希望可以幫忙打理，但半年後她決定離開，她有自己的家庭，沒辦法一直幫著忙。她也說弟弟在世時對孩子很好，想要什麼就給他什麼，突然離開，大家都沒辦法接受，但這孩子竟然沒哭，好像這件事情沒有發生似的。姑姑一邊打掃一邊娓娓道來：「我還是習慣偶爾回來幫忙整理整理環境，」一邊說邊搖搖頭，「無法度啦！」

我站在埕前，想像著兩進的三合院曾經有過的景象。「你看，可以搬的都搬出去了，就剩下我弟媳，」姑姑指著敗落的房舍，「……搬不走。」說完又繼續揮動掃把，我想她不是要回來幫弟媳掃地，而是幫著三合院維持生機。

聽完姑姑這麼說之後，我想她應該可以幫我傳話給孩子，「請他明天一定要到學校來。」

第三天，他還是沒來。我開車去找他，車子愈往前開，家、學校就離得愈遠，我不禁看一眼後照鏡，想著：「他為什麼要往反方向走？」

不過這是無解的問題，我相信不只是我，連他也希望能找到答案。

我想起三年前就在這條路上，曾載著一個因為錯過火車而嚎啕大哭的女孩子回家，她住田中，因為某些問題休學一年，一年之後來到新環境。那天她在車上問我：「為什麼我總是這樣？」

「怎樣？」我故意問。

「錯過啊！」她側過身來面對我，「不只浪費了一年，連搭個車也會看錯時間，然後讓自己這樣！」

「那你打算怎麼做？」我又丟個問題給她，她想了一下，沒有給我答案。

我搖下車窗，把吸管往外丟，問她：「如果我現在要喝飲料該怎麼辦？」我拿起手邊的飲料，刻意停頓幾秒鐘，「這時我有兩個做法，一是調頭回去撿吸管，另一個就是這樣——」我用食指在手搖杯頂挖個洞，把飲料直接灌進口中。

「最爛的做法就是一直懊悔為什麼吸管不見了。有些事過去了就過去了，我們必須往前看，或者想出辦法解決問題。」

她點點頭，用手抹去眼淚，「我知道該怎麼做了。」

「不，你不知道！」我又故意不順著她的意思說，「妳只是『以為』妳知道，其實妳並不知道。」我沒有一口氣說完，我知道她在等我的解答，「妳現在該做的是把手上的飲料喝掉，記得，不要用吸管，吸管只是藉口。」

就在我正回想著這段記憶時，前面出現一個熟悉的背影，我把車開到他身旁，搖下車窗。

他看到我嚇了一跳，也許他以為我會破口大罵，不過劇情並沒有如他所想的發生。我請他一起將腳踏車搬上後車廂，然後開車載他到學校。

「吃早餐了嗎？」我見他嘴唇發白，看起來很疲累。

「還沒。」

他說完之後我就不再與他交談，因為我不知道接下來要問什麼，只有在路過早餐店時問他要吃什麼，但接連經過幾家早餐店都已經賣完餐點，只好胡亂買些麵包止飢，就回到了學校。

我把他送到學校下方的涼亭，希望最後一段路是他自己完成，是他自己到學校來！

當阿嬤變成媽媽

9月 / WEEK 2

在學校行事曆上，九月三日是祖父母節，為了推廣這個節日，學校希望當天學生能牽著祖父母的手上學。我曾經跟阿嬤住過一段時間，卻從沒跟阿嬤牽過手，若真要當時國中生的我牽著阿嬤的手，我想我不會願意，因此我現在不知道怎麼懷念那種觸感。

偏鄉的隔代教養情況相當普遍，這兩個隔了好多年的世代要一起生活需要很多理解，阿公、阿嬤對孫子的愛有時遠超過父母親所給的，多出來的部分多多少少有補償意味。「可憐喔，我那個孫子！」這是我最常聽到祖父母說的話，但也因為這樣，補償的部分常常淹過口鼻，造成溺水。

二水國中樂隊有一個聰明伶俐的指揮，「她很厲害，一個人當三個人用，各個音部都會，也看得懂總譜。」每天到學校來當志工的葉國勝老師這麼說。

但她對每天接送她的阿公不是很友善。有一天我跟她坐在看台聊天，聊到我曾經跟阿嬤住一起的往事，「阿嬤為了多給我一點零用錢，都會到附近的小山去砍藥材，每次拿到她給我的零用錢，我都會捏得緊緊的，因為我知道這些錢得來不易。」她聽完點點頭，接著我問：「可以跟我聊聊妳的事嗎？」我將腳盤得跟她一模一樣。

「我嗎？」她給了自己幾秒鐘的空白，不過並沒有不說的打算。

「對啊，我知道妳從嘉義轉過來，其他的就不知道了，可以跟我分享嗎？」我故意落下一段空白讓她填上。

「我爸爸是開貨車的，過世之後我就被帶到嘉義，媽媽那邊則有兩個姐姐，住在她們家，我……」

小女孩說著說著便哭紅了眼睛，我沒有繼續盯著她看，刻意跟她望向同樣的遠方，聽著她娓娓道來曲折的人生，此時我的耳朵雖然開著，卻裝不下任何傾訴，即使如此，我仍沒有關掉水龍頭的打算，就讓它流著，我希望水塔的水可以流光，重新裝上一些笑容，一些真正的、不偽裝的笑容，屬於十四歲該有的燦爛。

她用袖子抹了抹臉，一陣沉默之後，我接著說：「妳有個很愛妳的阿公，他每次都最早來等妳，而且總是默默坐在車上，我從沒看到他表現出任何不耐煩。但是最近我看他都把車停在校門外的斜坡，該不會是妳不讓他到學校來吧？」

「哪有！」她笑盈盈地反駁。

阿公跟阿嬤無可奈何地在偏鄉擔任起父母親的角色，這些「資深家長」所面臨最大的困難都是溝通——「不知道小孩在想什麼？」其實，小孩沒在想什麼，他們只是需要「愛」，而「家」就是愛的發源地，從出生開始，莫名其妙、責無旁貸地愛，當這些愛遺失了，就需要同等的愛來彌補，只是有些愛的品質不同。不是孩子難溝通，對孩子來說，不好溝通的反而是他們面臨的環境，以及整個社會。

有一個經常出入學校的阿嬤總是跟我說：「阮囝在阮阿昆二個月大就走了，他一走，媽媽也跟著走，剩我們倆老的，阮孫真口連……」

我常看到她坐在走廊的小石椅上等著，有時等老師，有時等孫子，幫孫子送東西或者叮嚀些什麼，每次看到她我都會趨前打招呼，因為我也曾經有過一個這樣的阿嬤。

有一天，阿嬤把醫療報告給我看——肺腺癌。「老ㄙㄨ，我壓力真正足大，阮老仔台北住院，我定定要去，你看，」阿嬤又把醫療報告給我看，「醫生說生到兩公分才ㄟ賽開刀，阿揑有口連某？才一公分而已，麥賽開刀。阮孫不錯，擱會給我鼓勵叫我要活咖久咧，伊說：『阿嬤，妳要活到我大學畢業、娶某生子。』」

▲榕樹下，滾落幾顆鵝卵石，我們把它串成幸運手環。

說到孫子說的話時，阿嬤頻頻用手拭淚，我也只能拍拍她的肩膀，請她振作。兒子去世之後，媳婦跟著離開，孫子變成兒子，成了她的生活重心，常常看到她騎著摩托車來，又騎著摩托車走，「來學校」成了她生活當中最快樂的事，這裡有孫子，也可以讓她坐一下喘息一下，即使從學校的斜坡回到生活又得面對——唉！面對她的生活，她仍舊重新撿拾所剩無幾的勇氣，而那些勇氣便是火種，還燃燒著只因為想要多照亮孫子的未來。

我也曾跟阿嬤一起生活過，一起住在偌大、空洞的三合院，她總跟我說：「你若是大孫就好，阿嬤真想要留一塊地予你。」阿嬤在我讀東海大學時過世，來不及看到我結婚生子，所以阿牛（我的大兒子）四個月大我就抱他去掃墓了，很多長輩勸阻我，我都不以為意，我相信阿嬤會想看看阿牛，看看我的小孩。女兒阿妹也是六個月大就去看阿祖了。

記得幾年前獲頒師鐸獎上台領獎時，我的第一句話就是：「希望在天上的阿嬤可以看見。」我真心希望能讓她感到驕傲，所以當我看到面前這位阿嬤拭著淚，我真的好想把她的這些碎屑捲成菸，放一把火，燒個精光。

黑道小子巨星夢

9月 WEEK 3

這個老師的聲音很爽朗，笑容很是燦爛，教育現場的挑戰幾乎沒在她臉上留下痕跡，反而是光澤照人，想必她是很懂得把粉筆當粉餅的人，我時常偷偷認為：「如果能跟她一樣什麼事情都面帶微笑，不太過嚴肅，或許……，或許很多事情都會變得不一樣。」

這個老師雖然退休了，還是東奔西跑（不只是她，很多我認識的老師都這樣），她有個雅號：白雪老師，據說門徒不只七個小矮人，而是千千萬萬的白雪鐵粉，我想大家都是被她燦爛的笑容吸引吧！

前些天她傳了簡訊給我，分享一部精采的電影《黑道小子巨星夢》（파파로티，韓國電影），這部片跟教育、學生有關（我看過 YouTube 上的宣傳片），我想這就是她

的天性（呵呵，只是自以為是地揣度），雖然已經核過所有章，辦好離校手續，腳卻走不出這個小小的圈圈，總還惦記著學生，以及在其中奮鬥的後進晚輩。有這樣的前輩是很幸福的，台灣應該要珍惜這些資產，把他們列為國定古蹟，固定時間讓大家瞻仰瞻仰，讓已經偏離軌道的方向重新校正，可能出軌的心態找回「愛」的初衷，打算進場的人們有個信仰。

星期六應老師之邀到台中親親影城觀看《黑道小子巨星夢》，電影超乎想像地好看，大概是因為它的故事背景跟我每天所在的校園一樣，很多情節都有共鳴，讓我會心，讓我感動，也讓我汩汩地……。愈到後面，心愈是被揪著，揪得緊了就被擰出一些墨水，自眼角滲出，肆無忌憚在臉頰漫流，成了一幅潑墨，或者一帖〈蘭亭序〉，不管如何，總是無法工工整整。

其中有一幕最讓我心酸：場景是老師為了讓學生上台演唱，不停跟評審懇求，但時間已過，評審愛莫能助

▲王雅玲老師贊助的《黑道小子巨星夢》在二水教會開播。

搖搖頭，即使警衛來阻攔，即使已經陷入歇斯底里，老師仍舊以他所能表現的各種方式來乞求，乞求給學生上台的機會，他說：「聽一首歌需要多久？五分鐘？」

看到這裡我已經無法自已了，沒想到這句話竟然「也」出現在電影裡！

有段對話曾經是我的祕密，我一直藏在心裡。去年，校內樂隊從暑假開始積極準備參加十二月的行進管樂比賽，但到十一月才發現我們竟未報名，而且報名日期已經過了，剛聽到消息時我恨不得找個負責的人痛罵一頓，但我知道情緒發洩過後還是要面對正在操場晒太陽的學生，我不知道要怎麼面對他們，怎麼跟他們說：「對不起，沒能報名成功。」

我不知道他們會用什麼眼神看我，我也無法正視他們的失望，為了能夠上場，他們從暑假就開始準備到了現在。於是我拿起電話，即使結果可能是「我已經問過長官了，他們說不行，比賽是公平的……」這樣的回覆，我也要試試看。我腦中突發奇想：所有隊伍都已經表演結束後，我們的指揮揮舞指揮棒，學生進場、就位，他們不需要知道根本沒有報名成功，大會也可以不答應我們參加，我們自己主動展演，總不犯法吧！

想當然爾，我得到的答案就是毫無意外的「沒辦法」。我知道承辦人有承辦人的難處，但我仍不斷懇求對方：「我們不是要得獎（這是肺腑之言，得獎對我們來說很困難），只要讓我們上場，給我們五分鐘就好。如果我們什麼都沒準備卻要求你讓我們上場，就是我們不對，可是學生已經努力這麼久了，請給我們一個機會……」

承辦人還是不敢給我肯定的答案，只說：「我問看看。」

最後，比電影的情節還要溫馨一點，主辦單位願意給我們機會，前提是要排在所有隊伍的最後面上場，「你們是表演，不是比賽。」這是承辦人所能給我最好的解決方法了。

學生問我：「老師，為什麼我們賽程不是跟國中隊伍在一起？」

我沒有辦法給他們真正的答案，只能把這個過程藏得好好的，一直到了現在……。我想，他們只要知道自己上了場，有哪些地方不夠好，就夠了。

這場電影播放是公益性質的，由王雅玲老師號召各方好漢來看電影，王老師的想法很簡單（我只是試著揣測），她認為這是一部很熱血的校園電影，所有在崗位上積極認真的老師，都像影片中的老師般，值得尊敬；而所有在校園裡茫茫然的孩子，都跟電影中的主角一樣，需要上場的機會。

老師應該是有熱情的，這是應徵這份職業的先決條件。我總是認為這個社會應該給認真、努力的老師更多掌聲，因為他們值得尊敬；也應該給需要掌聲的孩子舞台，可能他們的人生將從此開展。

分數霸凌了偏鄉教育

9月
WEEK 4

我一直認為城鄉之間不存在著「差距」，而是存在著「差異」。都市或許因為社經環境背景關係，有比較多的資源，但鄉村也有鄉村的優勢，若能善加利用，教室就不僅限於方方正正、工工整整的空間，走出戶外，到處都掛著黑板，不用布置就是專科教室，甚至是「範文」教室。

我任教的學校位於彰化縣東南隅，與南投名間鄉相鄰，有豐富的人文景觀，如：素有彰化母親河之稱的八堡圳、集集線、副總統謝東閔故居等，且有許多出名的農特產品（白柚、濁水米等）。因為有上述這些特質，我上〈紙船印象〉這一課時可以帶學生到附近水圳放紙船，讓課文不只是課文，不只是洪醒夫的紙船印象，也可以是學生的紙船印象，更讓他們在上完課文之後，跟自己的土地更親近。而〈飲水思源〉這一課則可

中華民國一〇四年九月二十日 農曆乙未年八月初八 星期日

聯合報

UNITED DAILY NEWS

每份訂價10元 第23338號

創辦人 王惕吾

偏鄉·教師·分數，霸凌偏鄉孩子

為偏鄉教育把脈 學者：政治不穩 教育部長年年換 教育斷裂

↑聯合報系主辦的偏鄉教育行動論壇昨天舉行，與會者有國家教育研究院副院長曾世杰（左起）、公益平台文化基金會董事長嚴長壽、教育部長吳思華、聯合報系願景工作室執行長胡立台、誠致教育基金會董事長方新舟、政大創新與創造力研究中心主任劉吉軒、聯合報社長項國寧，討論台灣的偏鄉教育問題該如何改善。

➡公益平台文化基金會董事長嚴長壽（左）、教育部長吳思華（右）對談時火花四射。 記者余承翰／攝影

陳超明：要制定偏鄉專法

嚴長壽：齊一造成大災難

楊傳峰：別消費老師熱情

敬告讀者

紐時賞析 今天推出

本報自9月20日起，每周日在D2版刊出紐約時報賞析，精選紐約時報精采報導譯為中文並刊出原文，配合「賞析導讀」，讓讀者除了學英語也能深入了解全球文化。

※因應數位匯流時代，「紐時賞析」內容周日同步在聯合報FOCUS新聞App刊出。

※另FOCUS也在周一至周六推出「國際新聞賞析」，協助讀者拓展國際視野。

※配合紐約時報賞析推出，「國際小學堂」專版改為隔周周六B4見刊、原「教養」版停刊。

聯合報FOCUS下載區

以從土地公廟開始講故事，沿著水圳一路到林先生廟（供奉教導百姓開圳的傳奇人物），在滔滔不絕的水圳邊，我們說著二水的故事、二水的緣由，也閱讀課文，且不只是看著課本裡的選文，還寫下學生們的生活記憶，我認為這便是杜威（John Dewey）先生所說：「教育即生活。」

所以當《聯合報》邀請我到首善之都——台北，參加「偏鄉教育行動論壇」時，我很樂意分享自己所知道的偏鄉教育，就在準備簡報的同時我發現自己彷彿是野人獻曝，猶如拎著鄉下的土雞拜訪炸雞店林立的城市，因為我所說的這些「天然教室」充其量只是「遊戲」，若不能跟台灣的教育王道——分數——掛鉤的話，一切都是空談。什麼「適性揚才」，不過都是空泛的口號，因為教育

▲我的簡報成了《聯合報》頭版：分數，霸凌偏鄉孩子。

的嫡長子唯有分數！

「如果所有學子都是教育界的選手，是誰把他們趕出選手村？」我這樣問自己，然後試圖想起已經有多久不再討論德智體群美？不再重視禮義廉恥？我也很難記起，是從何時開始，國英數自社成了學習的主要綱目，由它們的績效定義成敗。

想到此處，我一時不知道教育到底要的是什麼，於是我決定不以「老師」的身分前往，改以另外的身分——出身偏鄉的學子——出席。這麼決定之後，我頓時豁然開朗。

登場之前我在台下聆聽教育界長官的各種教育實驗、計畫，最後當然還有漂亮的數據背書，我愈聽愈覺得離奇，因為這些計畫似乎只在成果發表上出現，從來沒有出現在我所任教的地方，更別提那些數據了。如果

▲偏鄉教育行動論壇：陳超明教授、我、劉安婷理事長、詹志禹教授。

所謂的「偏鄉學童每個人所分配到的經費比較多」這段話屬實的話，那我原本還覺得咄咄逼人的標題：「以分數為王道的國教，正在霸凌偏鄉教育」，就不需要忌諱什麼了。

沒錯，若要說偏鄉教育有什麼願景，我只希望別再用分數霸凌我們。我相信全台最支持全人教育的，鐵定是這些已經被討論何時要減班、裁校的小學校，這些受「分數」指責卻仍堅守崗位的老師，是最該被鼓舞的人。他們正戮力於真正的教育，雖然班級人數較少，但偏鄉老師照顧的不只是孩子，還包括其背後的家庭。五個人的班級，就是五個家庭！

隔天，買報紙的時候赫然發現我的演講標題成了《聯合報》的頭版，那時心裡十分高興，但高興的不是演講標題上了頭版，而是這個呼籲可以被很多人看見，可以引起更多迴響。我希望不管是我成長的村落，或者是任教的鄉村，都能被人好好照顧，要知道被照顧的是人，但存活下來的卻還有整個鄉土。如果哪一天這些地方更沒落，甚至消失了，我們將根著何處？該如何跟下一代述說我們共同的經歷、共同的故事？

不要把情緒當成教育

9月
WEEK 5

教師節已經是只慶祝不放假的紀念節日了，但我相信「教師」的價值跟意義還是可以連結到孔老夫子的信念——有教無類，因材施教。

「同學，把衣服穿好！」某日放學時我對著一個三年級學生說道，但他臉色鐵青，顯然有很大的情緒反應，我覺得很納悶，我的口氣並不嚴厲，而且這個學生平時跟我交情不錯，前一天還一起在後山削甘蔗吃，「怎麼會……？」我心裡嘀咕。

繼續僵在大庭廣眾之下不是好事，一旦擦槍走火就得依校規處置，我此時擔任學務主任，即使沒打算將他記過，但他若當眾辱罵師長，也不能不殺雞儆猴，只是我知道他的牛脾氣，一旦衝突爆發，三年級下學期被記大過……唉，我不敢繼續往下想。於是請他進辦公室，但他很跋扈，幾乎是仰著頭，不用正眼看我，看到他這樣我也起了莫名的怒火，不過我一直提醒自己：「這是小事！」

進到辦公室，我和緩地問：「怎麼回事？」

結果他仍舊看著天花板，用鼻子瞪著我。

我又說：「不過是請你把衣服紮好，生這麼大的氣？」我這句話才說完，便看到小學妹刻意經過，這時我才知道踩到地雷——在他女朋友面前糾正他。

此刻我想雙方是談不出結果的，繼續吹鬍子瞪眼睛也不是辦法，這件事情原本就是小事一樁，我要處理的是我們各自的情緒，這個孩子的情緒再加上我的情緒，將一發不可收拾，而且弔詭的是，不可收拾的已非原本要處理的服儀問題。我希望回到原本的「服儀」問題，而非繼續相互碰撞火花。

說是這樣說，我腦海中其實有另一個劇情版本，只是我一直在壓抑它的浮現——「馬的，你算什麼東西！」這句話一直在舌尖躍躍欲試、蠢蠢欲動，等著引燃乾燥的柴火，「最後一定是我把你的名字掛在公布欄，一支大過！」

但這算是教育嗎？我也許會獲得形式上的勝利，卻是教育的失敗者。我一直提醒自己，不要讓這樣的情況發生——只是服儀不整而已。

「先回去！」我把話削得銳利一點，不讓學務主任的高度走山。

他當然也老大不客氣，調了兩下書包背帶揚長而去。

我在開車的時候就打電話給家長，沒讓家長知道細節，只讓他知道孩子帶著情緒回家，「多跟他說說。」

沒想到我這麼說完家長便開始懺悔：「我對這個孩子實在很愧疚，以前年輕不懂事，經營賭場時他就在旁邊看，看著看著也學到一些東西，現在脾氣臭得跟什麼似的……。」

我聽到這裡就沒仔細聽家長如何陳述了，「難怪他會這樣。」我打自心裡喟嘆。

隔天我在校門口等他，我知道他一定會晚到校。果不其然，他是那天最晚到校的學生，一看到他站在斜坡的樣子，我知道我面對的還是昨天那道懸崖峭壁，一點也沒有攀越的可能。看他這樣，我想我們無法順利溝通，但我也不打算示弱或討好，畢竟還有其他兩百多個學生要管。

「昨天我有打給你爸，他跟我說對你有很多虧欠……」我只跟他說爸爸的內心戲，不談我們的事情以保留對話的空間。

他聽完，仍舊不發一語，又用手拉了拉背帶兩下，我便讓了一條路給他進教室。

為了軟化這位學生，我還找來平常跟他要好的同學，請他們以朋友的角度勸勸他，不要意氣用事，希望家長、學校、朋友的三個關係可以把他留在學校。豈知到了中午，他竟然主動來找我。

「主任！」他站三七步，「我給你處罰啦！」口氣不是很情願，但我知道現在優勢在我這裡。

「我現在很忙，明天再來找我吧。」

他沒說什麼逕自走了。

放學時，他看到我竟笑瞇瞇對著我揮手，「再見！」

我故意不露聲色朝著他揮揮手，真心希望跟「昨天的他」說「再見」。他的這個舉動也讓我見識到何謂「情緒起伏」，一個人可以在一天之內如此高潮迭起，「哪一個位置的他是他？」我這樣問自己，也以此為戒——我差點因為區區服儀問題跟他發生衝突，並可能在衝突之後無可避免要記他大過，而他可能就因為這支大過而導致不同的國中生活，甚至是不同的人生。

10/ 十月，音樂響起

如果能飛上天
我願意化成梭
來來回回
在翅膀架好之前
每天做著同樣的夢

我們的踩街夢

10月 WEEK 1

幾年前接任學務主任時，正逢管樂隊經費腰斬，樂隊面臨危機，於是開始著手尋找其他資源，也積極爭取民間企業贊助，但往往向對方報告結束後，對方都是回應：「我們已經贊助了若干管樂隊了，接下來想贊助不同型態的團隊……。」

我那時心想：「也對，人家已經贊助其他樂隊了，自己也未必比人家出色，憑什麼要人家資助？」這種要對方先給經費，自己再來做事的邏輯似乎怪怪的，應該是我們先做出些什麼，再來請人家支持才對吧。

於是我著手樂隊轉型，希望把這支管樂隊變成「帶得走」的團隊，當時很多成員都覺得不可能辦到，光是樂譜就背不下來。最後，我決定帶團員到嘉義市去見識「國際管樂節」踩街活動。學生第一次見到這種人山人海的大場面，就在他們驚呼遊行的樂隊

團體是如何帥氣時，我跟他們說：「同樣是管樂隊，他們得扛著樂器走五、六公里，而且，你們看到誰拿著譜？」

一趟嘉義之行後，學生們才知道原來管樂隊也可以這樣玩，從此開始積極練習，他們全都有了「踩街夢」！為了踏出第一步，團員們吃了很多苦，畢竟坐著吹跟站著吹、走動吹完全不是一回事，在吹嘴不斷撞擊嘴唇的情況下，不要說音準不準，連吹不吹得出來都是問題。時常有學生翻著受傷的嘴唇跟我說：「老師，你看。」不過此時我只要回他們：「所以……？」他們就會自動歸隊，因為他們都想完成腦中那個夢想，成為那個樣子的管樂隊。

我們的第一次行進表演就在操場，在學校的運動會。運動會前幾天，下午第八節課

▲這一步，我們從操場、二水街開始，好不容易走上彰化國慶的街頭。

之後，大家都自動留下來練習，就為了把步伐走好，把音準吹對，短短的一首歌讓大家吃盡苦頭，在一旁觀看著這一切的我其實很自責，是我帶給他們難題，但我只能任由他們從錯誤中找到正確的方向，沒辦法給他們任何幫助。所以，即使運動會那天團隊尚未上軌道，我仍舊讓他們驕傲地從跑道的那一端出現，自信地在來賓面前東倒西歪。但也因為他們的堅持，幾年後學校的管樂隊才可以完成二水鄉、彰化市、員林市的踩街活動，進而成為一支行進管樂隊。

去年踩街後，我們選了一處地方開心吃午餐，有個已畢業的學長（正在二水國中實習）陪著大家走完全程，他跟我說：「我很羨慕學弟妹，當初我也是管樂隊一員，但我們沒有這麼好的機會可以走上街頭。」

的確，能順利走上街頭不是因為區區幾個禮拜的練習，而是幾年下來管樂隊所有人一步一步走出來的，慢慢才從學校操場走上二水街頭，再登上員林、彰化市區。光是一趟車到彰化就要一個多小時，所以此刻街頭是我們的主場，是屬於管樂隊的舞台。當主辦單位催促我們走快一點，再快一點，麻煩快一點，我都任性地置之不理。學生練習這麼久，流這麼多汗，多享受一下路人的掌聲應該不為過，即使指揮者不安地看著我，我還是請她按照原本的步調。

老實說，我並不喜歡主辦單位把學生當道具，學生來參與活動不該成為節目表單上的項目而已，時程表應該為這些隊伍隨時調整。台上的大人不會知道徒手擎著旗幟有多累，也不會知道扛著低音號的學生肩膀為何瘀血，如果這些學生都不在意負擔的時間有多長，主辦單位何必聲聲催，把李清照都吵醒了。

要不要考零分？

10月
WEEK
2

月考就要到了，每教完一輪我都會思考「考試」的目的。現行教學的成效大多由考試檢覈，但隨著年資漸增，我對考試的定義也慢慢調整。回想剛入行教書時，心情免不了會隨著數字高低起伏，有時會對著考卷上的分數生氣，氣右上角那個簽名的當事者，「怎麼不好好讀書？」「明明就可以更好，為什麼要考這樣？」這些疑問同時也是省問我自己，省問自己的教學出了什麼問題！

幾年前，曾在一次國文競試時問一個成績優異的學生：「敢不敢考個零分？」當我這樣跟宗翰說的時候，他有點丈二金剛，於是我又說了一次：「敢不敢考個零分？」這次他聽清楚了，卻也因為聽清楚了而感到疑惑。

我笑笑地跟他說：「考一百分對你來說是家常便飯，其實考零分才是最強的！平常我們只要從ABCD四個選項找一個正確性比較大的，但零分不一樣，必須掌握每個選項的正確與否，才能避免任何得分的機會，所以考零分才是全懂。」經我這麼解釋，他說了一聲：「水喔！」見他摩拳擦掌，我提醒他：「拿零分很帥，但如果不小心對了一題，考了兩分——就窘了。而且這次競試（會公開頒獎，不列入平常成績）是由我出題，我們在這張考卷上好好較量較量。」

這麼一說之後，宗翰更加感興趣了，最後我又提醒他：「如果屆時你沒上台領獎，同學看你的眼神會讓你渾身不舒服唷！」

他抓了抓頭，無所謂地說：「應該不會。少上一次台而已，沒什麼。」

▲和宗翰一起登上合歡山，一起睥睨陽光。我們看到同一片風景，卻感受到不同的光景。

考試結果一揭曉，他果然考了「鴨蛋」。頒獎那天早上，司儀唱名第一名不是他時，學生——不，應該說全校都注意到了，我發覺他有點不自在。接下來第二名、第三名……都還不是他，有同學忍不住轉頭過來看他，那時我故意站在他旁邊，輕輕用肩膀撞了他，「感覺怎麼樣？」

他垂著頭，也搖著頭，「沒想到這麼不好受！」

「哈！」我不自覺地笑出來，「其實我之所以這樣建議就是要你好好感受這種眼神，第一名對你來說輕而易舉，同學們也認為理所當然。你成績向來很好，但你還沒證明自己不是為了分數、名次，甚至是別人的期待、想法來讀書。這個零分就是要你去承受這些，好好享受吧！希望有一天你鑽研知識是因為你『想要』。」當時，他看著我的眼神比灑在地上的晨曦還閃亮。

一個多月之後，英文老師改完競試考卷之後把考卷往桌上一甩，斥道：「他一定是故意的，竟然給我考零分！」聽到英文老師這麼忿忿不平，我在一旁偷笑，「這個臭小子！」

隨著教學經驗增長，任教已經十三年了，漸漸地，我希望找到成績之外能代表教學績效的成果。「如果成績不代表教學成效，什麼才是？」老實說，這個問題的答案我還在尋找，也許直到離開這個場域還沒有明確答案也說不定。

不過，某次在研習場合聽到這麼一句話：「我教我考的，我考的，我負責！」站在台上分享經驗的老師中氣十足而且充滿自信地說道。這句話如貫耳的雷鳴，一直在耳畔迴響，同時，我腦中一直盤桓著一個學生沮喪的身影，他反應雖然比較慢，讀書卻很踏實，即使月考成績常常不如人意，平常考卻總是十分盡心盡力，我不免問自己：「『我考的，我負責！』如果這樣的學生還學不好，是不是我的責任？」

我曾找他懇談一番，想知道他哪裡出了問題，他說：「不知道，就是看不懂！」他這麼說讓我覺得很心疼，可見我的教學對他來說猶如一堵高牆，即使分數從來不是我的教學目標，但讓這樣的孩子灰心，我還是得做些改變才行。接下來的一、兩年，我一直嘗試新的方式，放棄隨堂測驗卷、分組合作、共同備課……，以「我考我教的」為原則，希望成為林文虎老師口中「端著咖啡，優雅上課」的老師，同時還要找到最適合孩子的學習方式。

也許我永遠不會找到，不過我仍會不斷尋找。

Books For Taiwan

10月 WEEK 3

為了提升學生閱讀英文的興趣，我不只先後去了多家書局，尋找適合學生程度且有趣的書，而為了提高更新速度，讓閱讀題材多元，也到鄰近圖書館借閱，還發現那一櫃的英文書只有我一個人使用！恰好班上有個學生的阿姨曾經在美國留學，在Books for Taiwan（BFT）擔任過志工，BFT是公益性質的書籍流通平台，由旅美台人Amy Lin創立，專收美國圖書館的下架書和剩餘書，送回台灣贈予有需要的單位。阿姨推薦我聯繫BFT，為了充實班上的英文圖書，我抱持著不妨一試的心情寫了信，連接起了二水跟紐約。

我跟Amy姐的通聯過程很有意思，雙方壁壘分明，她用英文，我用中文，但有形的文字並沒有局限彼此的溝通——因為我們有共同的理念，想讓孩子習慣閱讀英文書，

不會對英文恐懼。

Amy 姐說她嫁到美國之後，對台灣很是思念，為了一解對故鄉的思念，她想要為故鄉做點什麼，剛好看到很多書沒有主人，就興起了念頭：募書送回台灣捐給需要的學校、機關。「如果錢不夠，就跟媽媽募款，妹妹也是贊助者，一家人都成了這樁美事的支持者。」Amy 姐的媽媽本來很反對她的做法，現在則是成了粉絲，也是金主。

從一個最初的簡單想法，到現在一箱一箱的書，有多少人受惠於這個動心起念。只是，要讓這個想法變成一箱一箱的書談何容易，也得是一本一本書的累積，和一個一個善念的凝聚。我常在臉書上看到ＢＦＴ志工辛勞整理書本的紀錄，而他們的報酬往往只是 Amy 姐的一頓晚餐，或是一份輕食。不過

▲邀請 Amy 姐（右前）到班上談談美國，拉近世界與二水的距離。

我相信當台灣這一端的讀者拿到書，並善用他們努力積攢的善念時，才是他們最大的報酬吧！

前陣子Amy姐回台灣一趟，順便到二水國中來看看她的書，並對全校學生演講，聊聊創立BFT的初衷——說到底就是很簡單的，對家鄉的思念，但這股信念之強絕非三言兩語可以概括。

Amy姐大學畢業之後在外商工作四年，接著就出了國，因為一些歷史因素成為黑名單而回不了國，被管制了十年之後才得以回台。當時她一下飛機，幾乎是要趴在地上親吻土地，充分流露出對家鄉的深深思念。後來，她將書寄回來台灣，剛開始還被當成詐騙集團——在那個通訊不是很簡便的年代，他們只能透過傳真、打電話，而收到傳真、接到電話的另一頭都覺得不可能有這麼好的事（免費的英文書？）！因此，一開始的挫折感很大，而且既缺人又缺錢，所幸這些問題在過程中一一獲得解決，甚至，問題解決了，有共同理念的人隨之更多了。

有學生問她：「有沒有什麼話要跟志工們說？」

Amy姐以及她的夥伴愣了很久，我覺得這一幕很有趣，對小朋友們、對我來說也一樣，都認為他們一定有什麼感觸想對身邊的夥伴說，但他們卻只是納悶，甚至不知道該怎麼回答，只說：「我們理念相同，所以沒什麼好說的，只要他們知道我們把書送出去，就開心了。」

我被這個答案震懾住了，原來理念相同是不需要道謝的，理念相同就會願意去支持跟自己做一樣事情的人，所以他們才會這麼開心，才會這麼甘之如飴。

Amy 姐送的書都是英文原文書，對二水的學子來說簡直是三疊紀生物，不只陌生，也不敢碰，但我們希望孩子知道，英文不過是工具，要看得懂英文並不需要每個單字、文法都懂。我常以自己跟 Amy 姐的私訊為例鼓勵學生：「我英文這麼破，都可以憑藉只看懂一些單字而猜出意思，其實只要抓到幾個關鍵字，就可以大致知道對方要說什麼，根本不難！你們什麼時候才背完所有單字、文法，才敢看英文書、說英語？」我相信ＢＦＴ的宗旨也不是要學生多麼擅長英文，只是要他們對英文不再恐懼，不再陌生。

傍晚五、六點，天空下著微微細雨，即使只有半天，這一群從山外來的客人，被山的迷濛妝點，帶著二水的氣息離開，其實何嘗不是回歸自己的初衷！

該補救的不是「教學」

10月
WEEK 4

兒子阿牛對英文沒啥興趣，在幼稚園的英文課堂上常常感到無聊而不專心。如今升上小一，我們夫妻倆幫他找了一間強調「聽」、「說」的英文班，上課的人還是外籍老師，得提前幾個月報名才擠得進去。這間英文班的下課條件很有趣，小朋友一定要排隊說出一些當天上課學到的英文才能下課，而阿牛不免就是比較晚下課的那一個。上禮拜因應颱風補課，我趕時間想提早帶走他，而且我看他已經像蟲一樣動不停，根本無心上課（沒認真上課是他的問題，當然也是父母的問題），所以我認為提早帶走並沒什麼差別，但老師說還得交代完下次上課要考試的範圍，要我再等十分鐘。

聽到「要考試的範圍」時我有點愣住，不過我還是聽從指示到櫃檯旁等他，那時櫃檯人員正在批改作業，我很訝異看到的竟然是一大疊考卷，若是國中階段也許無可厚非，沒想到全是國小的試卷。我好奇問其中一人：「這裡不是強調聽、說嗎？」他回答說：「對啊，不過寫也很重要，要讓小朋友熟練。」

我又問：「這是國小幾年級的考卷？」他說：「這些都是三年級的，一、二年級的考卷則是這一種。」說著他指著旁邊的作業本，然後強調：「我們很強調聽、說啊，學生一進門我們就跟他們說英文，而且放學一定要通過測驗才能回家。」

六點半下課，回到家已經快七點半了，阿牛在車上很頹喪，表情像極了放學後被我留下來的學生。「減C」大概是國家政策了，最近又挹注大量經費進行補救教學，要讓每個孩子都有競爭力。因為他們是國家未來的棟樑，得有一定的基本學力，也就是至少要有「B」的水準——即所謂的「基礎」。

學力要達到「基礎」很難嗎？一點也不！上課專心聽，作業準時交（在不抄襲的情況下），就不會成為「C」的一員！為什麼這些孩子還是「C」？是上課時間太少嗎？不，他們花在學習的時間（坐在學習場域）應該比平均值多，癥結在於他們的學習沒有效率，而「學習沒有效率」的因素相當多——唉，真的很多！拉長學習時間或許是可以助

▲該補救的往往不是功課，而是……。

長分數，但與此同時，學習熱情也被消磨殆盡。

在歌頌魏德聖、吳寶春的同時，是不是也該小心我們正在斲傷未來的大人物！「減C」的目標只是數字上的消長，看不到的才是真正的危機。

台灣已經成為沒有學習樂趣的地方了，君不見我們的學生在離開高中的桎梏後是如何海闊天空，而高職高中化之後卻讓好不容易還保有學習火苗的學生，鑽進另一個牢籠。前天跟大舅子聊到台南市的教學情況，他說很多數理資優的學生下了課之後還要到補習班補習數學，我聽了簡直不敢相信，數理資優竟然要補數學！數理資優不就是他們在數理方面的理解能力資優嗎？不就是他們可以探究更深入的數理結構、原理、原則嗎？哈，我不愧是以自己的小眼睛看世界的人，數理能力好，當然要超進度，才有時間準備其他科目，會考、學測才是「真．奧義」——殺戮戰場之黃金人生逐鹿中原及第登科金榜題名都是超進度之必要，也是跳級所必備。

然後我們就可以多一個台積電工程師嗎？還是多一個年收入千萬的新貴？才有能力共聘掃地媽媽幫全班整理掃地區域嗎？

減C是可以做的，也該去做，但教育不能只偏重在C的數字消長，而不在乎C背後隱藏的問題，「如何讓C的孩子繼續懷抱學習熱情」不重要嗎？

父親的浪漫

10月
WEEK 5

行進管樂表演可以說是二水國中管樂隊的年度大事，我們積攢了好幾年的努力才有辦法站上比賽的場合，真的很不容易。我不會在音樂教室練習時點名誰來了誰缺席了，我希望學生都喜歡管樂，大家一起享受，而不是來互相折磨。

明天就要比賽了，上個禮拜日他們說要來練習，但後來有幾個人缺席，包括一些重要的二年級成員。一進教室我就有罵人的衝動，不過還是忍了下來，我知道來練習的人不該被罵。可是，他們積極要來學校練習，卻不能積極做好準備，約好八點開始，卻拖拖拉拉到了八點半還沒能在籃球場上準備好，然後就下雨了。

在教室裡我用很沉重的心情跟他們說：「下雨了，怎麼練？」

他們似乎感受到我的情緒，也都悶悶的。

「如果雨停了要到籃球場練，再到辦公室找我！」丟下這句話我就走了出去。

辦公室裡沒有其他人，我泡茶想沉澱一下，沒多久便聽到音樂教室傳來聲響，這段音樂衝破雨的包圍，在辦公室這頭的我突然覺得我們不會被雨打敗，不會被剛排練好而尚未熟練的第三首歌打敗，也不會被剛加入的十幾個新生成員打敗，更不會被幾個沒來由缺席的人打敗。

就在我要沖第二泡茶的時候，有兩個學生行色匆匆地跑進來，低垂著頭跟我道歉，我沒打算責備他們，更不打算大發雷霆，我很誠懇地跟他們說：「樂隊交到你們手上，就是靠你們，沒有你們的帶領，我們走不遠，這場比賽我們也可以不用參加，是你們想參加我們才報名的，不是嗎？」

他們默默點頭。說真的，我不喜歡看到他們沮喪，他們拿著樂器的樣子可神氣的呢！

▲二水國中管樂隊站上比賽的場地與傳統強隊較勁。

後來雨勢稍微停歇，我們穿起雨衣，有的還打赤腳，因為我們知道自己不會被雨天擊倒，也不會因為幾個人缺席被ＫＯ，有那麼一瞬間我希望雨再大一點，這樣我們都會記得這個熱血的冬季。今天我們好不容易從出場、走位到退場完整排練過一遍，不過敲斷了一支鼓棒而已，慘的是指揮棒底緣的圓球飛了出去，我只好撿顆石頭用膠帶貼一貼繼續使用，大家當場笑翻，但我們明天依然會神采奕奕。

我們並不是非得在競賽中得到名次，這個問題大愛電視台的人問過我，我的回答絕非有所保留，而是真的只想帶著孩子，驕傲地站在場上，站在他們喜歡的管樂的場上，想著：「我也可以跟他們較量！」有這樣的念頭就是最好的收穫。

對我而言，我只是拉著椅子在旁欣賞的聽眾，對孩子們來說，這一切才是真實的，是屬於他們的十四、五歲的天空。

還記得第一年參加比賽時，學校正在重建，很多班級都沒有容身之所，更遑論樂隊，那時好不容易保留一間即將拆除的教室當作練習教室，我跟訓育組長建峻老師常常要摸黑搬樂器，有時還得用轎車、機車的遠燈照明，這樣的條件下能出門參加行進管樂比賽實在是妄想，但學生們眼神堅定，而且很認真，似乎不畏艱難，就是想跟其他學校的管樂隊一樣可以按照音樂、隨著節拍把隊形排出來，想把腦中的青春塗上顏色！當他們在籃球場上頂著太陽練習，我不懂音樂，只能看著他們在太陽底下流汗，唯一可以做的就是想辦法讓他們外表稱頭一點。我想要幫他們買一套管樂服，於是開始把演講的鐘點費收集起來。他們演練步伐，我餵養小豬。護士胡麗卿阿姨知道我在存錢，藉口跟我買書，細心把錢用信封裝起來交給我，「多的錢就贊助樂隊。」信封裡還有一張這樣的紙條。這張紙條好溫暖，是我摸過質感最好的一張紙。

那時還不知道錢夠不夠，曾開玩笑地跟學生說：「今年先買衣服就好了，或者你們買褲子，之後費用再還你們。」他們也很天真地說：「好！」

後來社區的呂億安先生看到我們的練習給了很大的幫忙，退休的方桂足老師輾轉知道後也出錢出力，一下子我們就有稱頭的制服了，可以稱頭地站在比賽場地抬頭挺胸跟傳統名校一較高低。我還記得廠商來洽談服裝色調的時候正下著大雨，滂沱的雨打在球場的屋頂，我們幾乎要用喊的才聽得到彼此的聲音。

要說我是單純為了學生做這些事也不大正確，其中還隱藏著「父親」的情感。

我原本的第二個孩子在三個月大時產檢還是沒有心跳，老婆當場淚流滿面，自責不已，我在一旁也只能說些不知道有沒有打到氣的話，還好，大里一家診所醫師說：「是媽媽的品管好，讓孩子不用受苦。」

因為這一句話她才放下，放得下。後來妹妹來了，在準備聽心跳聲的那一天，我刻意不發一語，讓老婆去擔心、害怕甚至焦躁，當「砰砰砰」的聲音活潑熱情地震動時，她瞬間雙眼婆娑。生命就是這麼巧合，算一算預產日期跟管樂的比賽時間很接近，我不想再待在旁邊當觀眾，或說些無關痛癢的打氣話，我要先幫妹妹鋪好床，為她準備好「煙火」。

我在腦中想像一段情節：老婆被送進產房，而我剛帶學生走進體育場，比賽還沒開始，電話卻來了。「好，我馬上趕過去！」我被兩種喜悅包夾，那邊結果已經出爐，這邊才正要開始。等到體育場這邊結束，我馬上衝回去，抱著妹妹，準備用一輩子的時間跟她講這個故事——用這個故事慶祝她來到世間，來成為我們家的一員，串連我們的緣分。

這是當老爸最不切實際，卻最浪漫的天真！

致一個女孩：

哈囉，我腦中有段劇情：我帶著學校樂隊前往體育場比賽，在他們進場前鼓勵他們，拍拍他們的肩膀；在他們進場時成為他們的頭號粉絲，沉醉於他們的所有演出；在他們退場後歡欣地迎接他們……。就在我們開心的時候，手機響起，於是我匆匆趕來見妳。我不是故意遲到，而是早就準備好妳的到來，只是不知道該用什麼方式。我很愛阿牛，所以不知道該怎麼愛妳，直到暑假環島的時候在赤科山聽到一段插曲——以後會說給妳聽，那是一個父親珍愛女兒的故事——聽到那個故事後，我才有點清楚該怎麼跟妳相處，就跟我們的相逢一樣。

時間是上天巧妙的劇本，剛好是十月，樂隊也正好是十月的時候比賽，我要用這件事情迎接妳，把它變成我們的煙火。從張羅開始，樂隊便碰上很多難關，連衣服也沒有，如今都一一克服了，這些大哥哥大姐姐們總算有一套服裝穿，昨天才穿上，很是帥氣！

我們真的要出門比賽了，但實際演出沒有跟我想的一樣，妳遲到了，不過沒關係，妳可以放我鴿子，而我會等妳。如果妳來了，我沒在現場，請別誤會，我一定是為了準備煙火。我沒辦法把妳的房間裝飾得漂漂亮亮，但我很會布置妳的生活，不相信妳可以問阿牛哥哥，我們連妳的名字都準備好了，就叫「楊奕」。

我該出門了，等我帶禮物回來送妳。

妳的爸爸留

11/ 十一月，課本沒教的事

任誰都想要一畝田
可以耕，可以種
可以成就自己，肯定自己
放棄，絕非揚帆的原因
只是我們都很容易遺忘
忘了最美的妝
是自己的微笑

多兩公斤的畢業旅行

11月／WEEK 1

又是畢業旅行的季節了，很多人認為學生不該利用求學時間去玩，有損於「受教權」，以為「玩」不是學習的一種方式。但真的是這樣嗎？我認為學習的方式很多，「玩」也是其中一種，還是最有趣的一種，只要這個「玩」是透過設計，一樣可以達到學習效果，有何不可？陳清圳校長就帶著孩子從樟湖（雲林）「玩」到合歡山，林茂成主任也從幾個人開始，慢慢地「玩」成「法拉第少年」。如果能跟生活結合，生活的經驗跟智慧何嘗不是我們應該學習的？學習絕不能局限於課本或教室！

我喜歡旅行，喜歡自助旅行、喜歡騎車環島，每次總可以在旅行中得到能量，所以我相信偶爾讓生活「出軌」是很棒的，這一點點「歧出」可以讓自己看得更遠，對於自己原本的生活方式、生活樣貌可以感受更完整，甚至連個人的挫折在更大的視野中也會變小。也或許一趟旅行不見得可以囊括上面所說的所有收穫，但我們仍不能因此放棄旅行。

在我任職於學務處時，總希望讓孩子有特別的旅行經驗，正當苦惱著要怎麼安排行程時，一句話浮了心頭：「多兩公斤的旅行如何？」

「讓學生多帶一些東西，在旅程中送給需要的人！」我自己這麼想著，同時想像那樣的畫面。為了落實這樣的畫面，我趕緊撥電話問旅行社，但他們表示沒有這樣安排過行程，不知道該連絡什麼單位。

這條線斷了之後，我改弦易轍查詢嘉義、台南、高雄的社福機構，看看哪些地方會是我們旅行順路的地方，「下交流道，卸下兩公斤的禮物。」我滿心期待。

結果是這些社福機構幾乎不缺物資，衣服、褲子、文具……都不需要，而這類物資之外的東西又不是學生有辦法提供的，但我還是不死心，改打電話給社會局，「他們一定知道！」我想。

「你好，我是學校主任，我們畢業旅行……」我還沒說完就被對方打斷，「你好，我這裡是社會局喔。」他強調。

「我知道，我知道！」我連忙澄清，「我們畢業旅行想要送點東西給社福單位，不知道哪邊比較需要我們，又不知道上哪兒詢問。抱歉。」我簡潔地表明來意。

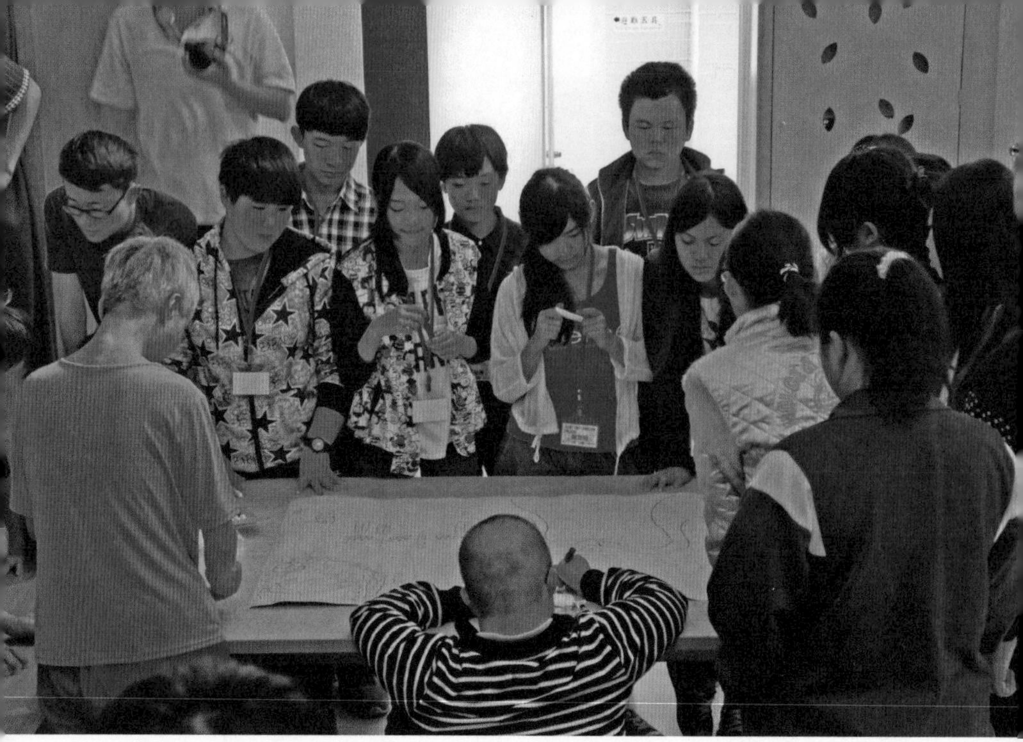

對方一聽覺得這想法很有意義，便熱心介紹幾家在高雄的社福單位。之後我又上網查詢哪一家比較順路，隨即撥通電話，聯繫上一家唐氏症患者收容中心，他們不需要衣服、褲子，但很需要畫筆，畫筆是他們治療過程的工具，需求量很大。

聯繫只是開始，我還擔心小朋友到了收容中心會有些不禮貌的反應或舉動，所以要事前做好行前教育。「我希望你們能有一趟有意義的旅行，帶著東西去送給需要的人，然後再揹著背包繼續玩，這樣你在之後的行程——甚至以後——想起這段過程，都會覺得很有意義，不過，」我話鋒一轉，「他們都是很需要被照顧、關心的人，很容易因為你們不恰當的表情、行為而受傷，他們都很敏感……希望當天你們可以體貼一點，溫柔

▲多出來的兩公斤顏料都在天鵝堡裡繽紛。

一點。」

等到即將要跟對方接觸時，我還是不放心，又叮嚀了幾句，深怕沒有讓對方感受到溫暖，又沒有讓學生覺得有意義，豈不雙輸？

原本我以為收容中心只是單純提供我們參觀，只要將畫筆送給他們就好，沒想到對方很貼心，準備了巨幅海報，讓學生有機會跟他們互動。幾個捐贈代表端著畫筆走過去，跟唐氏症的朋友在大海報上塗鴉，我當時也沒想太多，轉身對坐著身旁的學生說：「想上去的可以上去，跟他們一起完成一幅畫。」

聽我這麼說，學生一個接一個上去，到最後幾乎沒有人還坐在椅子上，而且學生們的溫柔超乎想像，他們不只不排斥這些病友，還會接續著他們的線條繼續畫，還有人主動教他們怎麼使用顏色。當學生跟這些新朋友在海報上「對話」的時候，我很感動，「尊重」、「包容」在此刻被詮釋得淋漓盡致，我甚至感受到「愛」！這些原本是老師大聲疾呼也很難做到的事，現在幾支畫筆、幾張海報就做到了，這便是旅行的意義。

從無到有的啦啦隊

11月 WEEK 2

下個月就是校慶，校慶的重頭戲是啦啦隊演出，從我到二水報到以來就有這項表演。啦啦隊從十一月初開始排練，十二月中旬登場，這段期間表演藝術、童軍、體育……等課都可以用來排練，學生在過程中會碰到編舞、隊形變化上的瓶頸，不是一個學生可以獨力完成，需有一整個團隊通力合作，這個團隊在正式練習開始前就得先設計動作，設計好動作才能一個動作、一個節拍慢慢地教給同學，所以這個團隊必須緊密合作，一旦團隊出現裂縫，要把討論出來的動作教給其他同學時就會碰到更大的紛爭。

因為這是全班性質的活動，從選歌開始便考驗著班上的民主水準，有的要這首歌，有的要那首歌，得經過一番爭執；好不容易決定曲目之後，對於舞蹈動作又是議論紛紛，女生編的動作太柔，男生編的舞姿太醜……各種不同的意見需要整合，整合緩慢便會拖延排練進度。但不管整合得快或慢，總得整合出方向，也就是最大公約數，即使過程很紛擾，但我喜歡看著學生們從中慢慢學會怎麼尊重他人，或者被人尊重。

以前的我會急著跳到第一線去處理紛爭，幫忙選歌、編排……，現在我只負責把規則先說好，在發生衝突之前減少衝突，把學習的機會留給他們。因此，在進入啦啦隊訓練期程之前，我就會先打三劑預防針：

第一劑——你們一定會碰到意見不合的時候，但請記得：班級只能有一個決定，如果這個決定不是你的，在你希望別人尊重你的看法之前，你也得有心理準備——尊重別人的看法。

第二劑——教舞的過程一定會有很多紛擾，這些紛擾可能來自你對舞蹈有意見，在你有意見的時候，記得要反映出來，有了反映，大家就可以溝通，透過溝通相互了解。如果你是因為不想配合而不配合，請回到第一點，切記！包括你在內的所有人，以及小老師，沒有人不希望班上更好。

第三劑——有次大雄被欺負，找哆啦A夢拿出一個讓大家都消失的道具，哆啦A夢警告他：要讓大家消失前一定要想清楚，因為你並不是真的要大家消失，而是你現在充斥情緒。但大雄不管三七二十一，讓世界只剩下自己，剛開始他很享受自己一個人的世界，可以做自己喜歡做的事情，但幾個小時之後他開始覺得無聊，過了一天之後便想念

起欺負他的那些人，還有那些事。所以，討論過程中難免會有紛爭，有了紛爭一定會找人訴苦，被傾訴的同學請注意，向你傾訴的人在倒完垃圾之後就是空的了，但你有可能是繼續製造垃圾的人，你製造出來的垃圾已經不是向你傾訴的人的垃圾了，而是你無中生有出來的，他的情緒在跟你傾吐完之後就沒了，但你卻讓這樣的情緒繼續蔓延。

這三劑就是我的啦啦隊規則，這期間會發生的事不會超過上述範圍，學生們在這個範圍之內爭吵、妥協、了解、接納，並從中學會相互體諒。

這樣的啦啦隊就是本校的華德福課程，從無到有，雖然不是混齡，但我們混的是社會階層，混的是各種不同能力的學生。編舞的人、舞蹈動作佳的人不一定是在課堂中表

▲從無到有，我們的華德福，學生的啦啦隊。

現亮眼的人，有的人在教室沒有成就感，往往能在此時擁有一片天，一說到啦啦隊便神采飛揚，充滿自信；而成績表現較佳的學生則可能因為編舞、排舞需要時間，往往退居配角角色——在這裡，他們得調整自己的位置，讓別人成為主角。

所以我很喜歡這個華德福課程，這個課程雖然很辛苦，但浮現的各種問題在在都是青春期學生應該學習的課題，也正因為這些問題的浮現與解決，學生才有機會在心智上成熟。當然，因為排練曠日費時、表演成效不完美、期間各種紛爭不斷……，把啦啦隊簡化，甚至取消表演的聲音一直都在，這些聲音確實也是啦啦隊表演的負面效應，老師經常為各種爭端疲於奔命，甚至調和班上氛圍而氣力放盡，過程十分辛苦。但我認為若是「經營」班級跟「管理」班級三年的時間總和都一樣，我會選擇「經營」班級。班級經營得好，學生自然按部就班，循規蹈矩；班級管理則要看老師的掌控力，到了風暴期要花的時間可是又多又費力。就像我在啦啦隊成立前定好規範，讓啦啦隊進行時按照規矩，即使跌跌撞撞，演出之後仍然是滿滿回憶。

正因為如此，畢業生回學校一開口總是問：「今年學弟妹們啦啦隊跳得怎麼樣？那可是我們最值得回憶的事呢！」

▲校慶當天大家都神采奕奕。

我的年代與你的年代

11月
WEEK 3

前陣子有某國立大學學生打電話來說要訪問我。

能跟台灣未來的棟樑聊聊天我是滿願意的，只是當時通電話過程覺得有點突兀，轉念又想那或許是年輕人的習慣，也就不以為忤。但通過電話後對方便音訊杳然，突然有一天又傳簡訊給我（我不知道為什麼這次不用電話溝通），問我十一月二十日前有沒有空接受訪問。我想這段時間範圍也太大了，而且還包含假日，便回說：我星期一到星期五人都在學校，週末就不一定了，但十六日早上、十八日下午兩天要帶學生到外面上課，你們如果願意也可以一起到車埕來，邊跟著上課邊聊天也不錯，比較知道我到底在做什麼。

幾天之後，對方說想要在十一月二十日來訪，這天是禮拜天，讓我有點傻眼，我明明說過「週末不一定有空」！

但這天（應該說這陣子的星期天）早上我剛好會在學校看樂隊練習，於是回應他說：「早上可以。」沒想到對方竟然問我：「下午一點半可以嗎？」我只好強調：「星期天早上在學校，下午不在。」

沒想到這位老兄竟然回覆：「星期六可以嗎？」

我有點莫名其妙了，這到底是在跟我約時間，還是要我配合？我們之間的對話一直沒有交點，所以我準備拒絕他們，讓他們知道跟人互動必須要有基本的態度，這樣的「學習」對他們來說遠比完成訪問我這份作業重要。因此，我跟他說：「……如果只是想完成這份作業不用跑到二水，就近即可，而且我的時間就是星期天早上。」

過了一會兒他們傳了很長的簡訊過來，大意是說他們以為是約在我家，所以才問我何時有空，不是有意造成困擾，為了不造成我的困擾，他們「決定」十一月二十日早上十點半到學校，但這樣就沒辦法全員到齊。

我無言了，明明之前約定的地方都是學校，我給的地址也是學校地址，竟還為了不造成我困擾「決定」十點半到！

我不是很需要「被尊重」的人，也無意讓他們在完成這份作業時碰到困擾——但就算未來有超過九成的工作機會將被人工智慧取代，人還是得跟人相處，因此我決定當天

一定要提醒這些年輕人比這份作業更重要的事。畢竟從新竹到二水有一段不短的距離，我能夠幫他們的不該只是完成作業。

在他們傳來「決定」十一月二十日十點半訪談的簡訊後，我刻意簡短且冷冷地回覆：「星期天來吧，我早上都在，歡迎你們。」

他們果然擔心我有了情緒，又傳了兩則簡訊來，我沒回應這兩則簡訊，因為我已經答應他們了就一定會接受訪問，我倒是想看看他們會不會因此放棄。

如果他們沒來，我一定會讓他們知道：我一直在籃球場等他們！就算「常存抱柱信」已經落伍，但我一定會告訴他們「承諾」應該是怎麼一回事。

如果他們來了，我心裡會肯定他們，因為他們不知道自己會面對什麼情況還願意前來，光是這樣就不枉我故意作戲了。

▲與清大學生因一場誤會而相識。

到了當天十點半，他們果然出現在籃球場，一開始有點怯怯的，六、七個人在榕樹下觀望。看到他們，我主動迎上去打招呼，氣氛也就在這樣適切的情況下融化了。我們在籃球場席地而坐，閒話家常，我並不知道他們要完成什麼作業，就這麼一問一答，愈聊愈融洽，一直聊到下午一點半。老實說，要到二水來真的不容易，從新竹到二水，轉集集線，源泉車站下車還要走上來，而且集集線的車班不多，如此費事來找一個可能還在氣頭上的人，讓我對這幾個年輕人刮目相看，也對自己有了刻板印象暗自檢討。不過真的很高興，很高興我「錯怪」他們了。

曾經聽朋友說他叫樓上的兒子吃飯得用 Line 發訊息，通訊軟體、社群網站的確讓人跟人之間的聯繫方式變得多元，但也因為這樣的方便，螢幕之外的表達反而拗口、不自然，但這些拗口跟不自然可能不是因為「不禮貌」，而是傳遞方式的殊異。發達與方便，卻讓人忘了如何跟身邊的人對話。科技一直極致想表現「擬真」，其實「真」一點也不難，跳出螢幕，躺在草地上便有開闊的藍天白雲。

預計搭四點多的飛機，得在兩點到達機場，得在十二點搭上高鐵，得在十一點從草屯出發。等七點多到了北京，通關花了點時間，又在機場排半個多小時才搭上計程車，機場到飯店又是半個多小時，真正把行李放好已經九點。

這一趟來觀摩，也來聽課。北京機場很大，接機的人很多，不過我很快就找到我的名牌，接機的人就是一直跟我聯繫的蔣雙花小姐，她是「新學校」的職員。在等候計程車、往飯店的途中我才終於搞清楚什麼是「新學校」，新學校專門負責開發課程、教具、教法……，是搞教育的專業機構，其會員遍布中國，但它不是公家單位。雙花說這樣的定位讓事情進行更快，更具靈活性。明天的盛會有來自中國各地的教育人員、主管機關，全都是繳會費（也就是「新幣」，一種虛擬貨幣）參加。新學校為老師設計課程，做資源上的後援，也幫老師們找資源，明天的論壇即屬之。論壇共有講師兩百多名，每人或幾個人一組分享一小時左右的教學方法、理念，且同時在六、七間教室進行，每間教室的門都是敞開的，聽眾可以自由進入各間教室（跟台灣「我有一個夢」形式頗像）。

在車上我就抓著雙花狂問，我認為舉辦這樣的論壇代表他們的教育是動起來的，很想知道大陸現在的教學型態或主流為何。我提到分組教學、翻轉教育、心智圖、學思達……，她說她都聽過，但這些方式要在當地推行還是不容易，因為人太多（光是北京就有三千萬人），為了公平，考試還是最被大家認可，基本上教學仍以應試為主，搞這個搞那個，如果沒有成效很容易被批評，所以新學校才要設計課程。不過這半個多小時我只能聽出輪廓，還是沒有辦法知道全貌。

隔天早上我六點多就出門，搭地鐵到天安門湊熱鬧，回到論壇場地九點了。先聽了台灣凌健老師的閱讀分享，他是明道高中退休的地理老師，喜歡閱讀，又掌管明道文教基金會，很有自己的一套；他還帶領過學生深入泰北，到比美斯樂（Mae Salong）更偏遠的滿天星（地名）當志工，長達十八天的志工工作讓學生體會到另外一種面向的生活，讓學生離開生活常軌，看清楚原本的生活。

其後我又串到另外一間教室，講者是北京十一中學一分校的老師，他們的課程繽紛多元，跟台灣的小型學校很像，但卻是一千八百多人的大學校，竟然也可以弄特色課

程，真是讓我嘆服。

接在這位老師後面上場的是副校長，他的理念也很棒，他說：「只有實施不被拒絕的教育才有可能性！老師是學校最棒的資源，一定要信任老師，唯有讓老師被信任，他們才能做出更好的課程，讓老師從實施者變成建設者、開發者，並覺得自己很重要。要營造積極、試誤的教師文化，跳出複製，量身訂做發展策略，發現群體中的個體需求，找到關鍵動機……。」我想副校長的工作有點像我們的教務工作，只是他的對象是老師。

聽完十一學校的分享，深深覺得這所學校能量充沛，跟我想像中的大陸學校不大一樣，不過我對這所學校是「分校」覺得納悶，在北京市區，怎麼會有分校？這個問題在另

▲對於教育，我們都該求知若渴。

▲受邀到北京的教育年度大會上演講。

一間教室得到解答。我坐在北京師大系統的校長旁邊，校長說北京市區的學校採集團式經營，有十一中學、人大附中、北師大……，這些學校在北京市有許多分校，目的是希望均好，讓好的學校領頭，接收效能不佳的學校（但我不知道怎麼界定效能）。我問他：「如果老師不願意配合改變呢？」他覺得我的疑問很怪，老師怎能不配合？領導要求了怎能不做？他說因應手段就是不讓那個老師授課，不授課的薪資較低，而且老師被降成不授課教師便是對其教學專業的懲罰；再者，因為是「同」一所學校，校長有權力可以調動老師。他這麼說，我還是覺得納悶，再問：「如果老師還是不配合呢？」

他理所當然地說：「這就是共產主義的好處，怎麼能不配合？為了大家的利益，你當然要配合啊！」

離開這間教室之後，我又到另一間教室，聽美國回來的老師分享。他說：「那個社區沒有紅綠燈，但車不會撞在一起，他們自動按照先後順序通過，這就是民主素養！」「哇塞，在這樣公開的場合談論民主素養不會『被道歉』嗎？」我心裡想著。

不過我顯然多慮了，他毫無顧忌繼續談到他在美國看到的體育課、分組活動課，「很多時候都沒有老師在場，但學生不串門、不打鬧，因為他們的規則、秩序不是為了服務課堂，讓課堂進行順利，『規則』、『秩序』反而是課堂目的之一，唯有把這兩個東西變成課堂的一部分，不是外加的，我們的學生素養才會提升。而且北歐、西歐、北美等諸多民主國家之所以強盛，正是因為有深化的民主素養，自由需要民主素養為底蘊……」

我坐在台下，彷彿聆聽孫中山先生在檀香山演講，後來納悶地問了其他人，他們說只要不指涉、批判政府，說這些都是沒關係的，而且講師又沒說國內如何如何，這一點倒是讓我對大陸的「專制」有不同的看法。計程車司機就跟我說：「其實我們都嚮往民主，只是不能公開說。」

我的演講時間是下午三點，在三點前我又聽了台灣的林美琴老師分享繪本。今天串來串去，聽了好幾場關於繪本閱讀的分享，可見大陸頗注重閱讀，且將繪本閱讀列為重點。

因為還有時間，我又到處亂跑，跑進一家「雁山學堂」。

「哇！是華德福！」我在心裡吶喊。

學生只有十二人，他們的課程有學書法、射箭、練古琴、彈吉他……，學校常帶著孩子上山下海，北到沙漠騎駱駝，南到海南島沙灘露營，而且沒有考試。老師說：「不能一味培養孩子吃苦耐勞，也應讓孩子享受五星級服務，要能吃苦，也要懂得優雅。」

哇，這句話說得真的太棒了！最後有十分鐘提問，我的手可能舉得不夠高，沒能問到問題很可惜，不過有人代替我問了：「這些學生的背景是什麼？」

記得那老師好像沒回答這道問題，或者是四兩撥千金了，但我的另一個問題：「當他們回到正規學制，如何適應？或者他們就不用回到學制了？」就沒有人問了，真可惜。這些問題一直是台灣華德福學校跟現實衝突的癥結，我想知道他們如何因應。但不管如何，在大陸也有這樣的學制，我算是開了眼界。這一天真的很充實，扎扎實實地聽了一天的課，收穫很多。

出發前幾天看到高雄高中跟一群台灣學測頂標學生到大陸留學的報導，那位雄中學生原是學校前十名，到了大陸交通大學成績墊底，一年之後，有三分之一的學生打包回台。看完這則報導，我又點閱了大陸學霸在台灣留學情況的報導，這兩則報導讓我更專注於當天其他大陸老師的演講。老實說，兩岸分屬不同體制當然各有優劣，我覺得台灣在「多元」上還是占有優勢，對岸則是集團化的經營方式很強，但我們各校自由發展比較機動，而且色彩紛呈，不管是翻轉教育、分組合作、心智圖、學思達，還是我的「教育即生活」（咦？有這一派嗎？）都各有追隨者；而且像這樣的大場面，台灣每年寒暑假甚至是自發性舉辦。不過，我們還是要繼續前進，並且深化我們的教學，不然大陸改變的節奏一旦開啟，不只新加坡、香港、南韓，我們也許又會多一個需要「學習」的對象了。

12/ 十二月，從心開始

空白的五條線不管怎麼裝飾
還是無法譜出
浪漫
但捲起的袖子
轉身的背影
和滄桑
卻一直晾在旅程的電線杆上
迎著風

音樂人的心

12月 WEEK 1

十二月一到就是行進管樂的熱季了，音樂滴滴答答，總會讓人想到許多酸甜……。

曾銘圳老師擔任學校管樂老師已經十幾年，每個禮拜不辭辛勞從台中來，我曾問他：「是什麼支持你這樣做，這麼多年？」

他笑笑地說：「因為你們的支持，而且學生學得認真，不然我何必跑這麼遠？要教，台中就有得教，而且鐘點費還比較高。」

我這麼問當然不是認為曾老師不該來，相反地，正因為他十幾年來不曾喊苦、喊累，願意到這麼偏遠的地方來的精神很值得敬佩，所以我才想知道為什麼，但聽他這麼回答之後，我突然覺得好像什麼也沒問到。他曾經說過自己的音樂之路：「我並不是科班出身，所以很珍惜現在自己音樂人的身分。」還沒說完他便自嘲地大笑，「我曾經被科班看輕，可是我自覺專業的部分並不輸人，但也因為不是科班出身，學習的過程很辛苦，必須不斷跟現實對抗，一路走來十分珍惜，這也是我為什麼還在這裡的原因，除非你們不愛了，不愛管樂了，我自然會離開。」

因為「愛」，他陪著我們轉型，在管樂隊決定要走出室內，轉往室外發展時，他自費進修，了解室外行進怎麼去走、怎麼教學，「因為我是門外漢。」他這麼說。

我們也不是刻意要轉型，實在是碰到經營上的困難不得不然，否則好好的室內管樂隊為什麼要砍掉重練？不過也慶幸有曾老師，因為他的陪伴跟付出，我們才有辦法轉型成功，成為一支室外的管樂隊。

轉型成行進管樂隊不只是有心就好，得有步驟、有經驗、有師資……而這些我們都沒有，於是曾老師便開始張羅。他先請朋友來教，把所有的鐘點費都給那位朋友，他說：「沒關係，我也是來學的。」每次室外練習他都不曾缺席，陪著學生晒太陽、練步伐，沒有酬勞。

擔心學生學得不好，他還特地邀請嘉義縣比賽常勝軍民雄國中的江權治老師、台中市東山高中的劉建宏老師到校指導，而他就是最認真的學生。所以即使他一個禮拜才來學校一次，但他總是被學生喜歡，被學生尊敬——因為他對音樂的喜愛跟堅持。

不只如此，他還曾請來彰化青年管樂隊來指導管樂隊學生，學生們一聽到可以跟

專業團隊互動、學習都覺得很驚喜——當然也覺得惶恐，畢竟他們很少有機會可以近距離接觸專業團隊，甚至可以跟他們一起登台，登上真正的舞台。

記得有一年彰青曾邀請本校學生到員林演藝廳聆聽他們演出，這是一次很棒的體驗，當學生看到跟自己互動過的大哥哥大姐姐們在表演台上正襟危坐，「演出」似乎不再是遙遠的夢想，「我們好像也可以！」這樣的念頭使得練習有了更單純的動機，不是為了給老師交代，而是為了給自己交代。我很喜歡孩子們有這樣的轉念，所有的學習本都是衝著他們來的，把這些資源帶進來讓他們互動、接觸、刺激，摸摸大樂器，聆聽高超技術，都不是為了完成誰的期待，而是最純粹的——因為愛。

二〇一六年，曾老師更邀請學生與彰化青年管樂隊在彰化生活美學館交流，在他的引薦之下我認識了彰青的指揮，跟他握手時嚇了一跳，沒想到竟是一雙

▲彰化青年管樂隊邀請二水國中管樂隊合奏。

長滿繭的手！每顆繭滑過都淺淺地刮著我的手心。

指揮說：「因為我務農，父母親年紀大了，家裡就需要我。」

而曾老師說：「他喜歡這種耕讀的生活。」

「指揮應該有一雙什麼樣的手？」我又在心裡問了自己一次，「或者他應該過著什麼樣的生活？」

當他站在樂團前面，這個問題還在我的腦海盤旋，但他似乎不在這兩個問題之內，他正徜徉在五線譜上，在該高的地方帶著團員登高，在該低的地方引領團員低鳴，有時候還會帶著大家站在懸崖，等一陣崖下的冷鋒襲過，才揮臂要大家急速通過。

鞠躬之後，他又轉身，面對凝神望著他的各部聲調，這些眼睛都懸掛著音譜，演奏著他的生活，指揮的手就該把音樂的門打開，讓廟堂裡的蒲公英旅行到每個適合他們的土地生根。所以，彰化青年管樂隊才以貼切的方式靠近二水、靠近這個音符還長得不健壯

▲指揮的手，撥弦弄管，也操持柴米油鹽。

的鄉村，指揮用他的手握鋤，譜了一首管樂行進曲，讓音樂被了解、被接近，也被喜歡。

謝謝彰青為學生們做的，一對一教學、同台演出，也謝謝曾老師給我們機會，讓我們可以認識這樣的團體。最後，我還要感謝這位雙手老繭的指揮，當他站在一旁觀看這一切的時候，我發現他很滿意眼前正在發生的事，也許他微笑地以一雙結了繭的手拭汗時看到花開了。每每跟這樣的人交流，我就會覺得，台灣很多人都很美。

神農特攻隊

12月
WEEK 2

白線一條一條工整而規律地畫在橢圓形紅土跑道上，在夕陽的餘暉下顯得特別耀眼，不禁讓我想起幾年前護士阿姨曾經對我說的「白的白，紅的紅，綠的綠」。擔任學務主任那幾年，學校重建，操場每天被砂石車輾來輾去，都成了廢墟似的，而現在新校舍建成了，風貌煥然一新，操場也不再承受大型機具蹂躪，不再塵土飛揚，學生可以恣意在鮮紅的步道上散步，也可以在如茵的綠地上丟飛盤、踢足球。

坐在看台凝望這一畫面，突然想起我的「農耕隊」成員。這群學生大多孔武有力，而且重義氣，平常沒有場域可以發揮所長，於是我找他們來美化校園，並特意讓其他學生知道他們對學校的貢獻。每次只要他們把難以處理的樹幹、雜草處理掉，在放學前我一定請全校學生先蹲下，再一一唱出他們的名，讓他們站起來，讓他們被瞻仰，也讓他

們知道「我也可以被稱讚、被肯定」！這些感受對他們來說很重要，這些孩子大多不是自己喜歡叛逆，而是他們有著叛逆他們的環境，跟這樣的環境奮戰了十幾年，真的不容易，如果學校不是另一處能讓他們喘息，甚至提供助力的地方，他們哪來的能量繼續抗戰？

有次暑假剛收假，建築物後方雜草叢生，還冒出很多姑婆芋，負責清掃的班級叫苦連天，甚至一個接一個到保健室報到，一問之下才知道都沾了姑婆芋的汁液，渾身發癢，於是我趕緊請學生停止打掃。

「我去找專業的來！」聽我這麼說，全班如遇大赦，他們知道我又要出動農耕隊了。

午休時我就召集了農耕隊，帶他們到現場，當場教他們怎麼處理姑婆芋才不會碰到汁液，說完我便跟他們一起胼手胝足，三十分鐘的午休時間就把雜草、姑婆芋全部清光光，農耕隊幹部來跟我報告的時候還說：「我們連旁邊鋸下來的樹幹一起搬走了，不用跟

▲農耕隊清晨五點多來整理操場，只為了讓大家有更好的場地競賽、歡慶學校生日。

我們道謝！」頭兒拍拍我的肩膀，接著說：「對啦，咱們，嘎底仔。」另一個也笑笑地拍我另一邊肩膀。

放學時我照例請學生蹲下，先跟大家稱讚奮力清理姑婆芋的負責班級十分用心，接著再一一點名農耕隊成員，我唱到他們名字的時候，他們都站得很挺，也很有自信。「他們今後不再是農耕隊，是神、農、特、攻、隊！」我刻意一個字一個字慢慢吐出，我發現每當唸完一個字，他們就更加臨風顧盼。

校慶準備期間，神農特攻隊幾乎幫我把操場翻過一遍，而且每天灑水、補土，就是為了給同學一個好一點的場地舉辦校慶。他們從來不喊苦，也不說累，我很喜歡跟他們一起工作。某年校慶前一天，場地準備得差不多了，可惜塵土仍舊飛揚，於是我召集他們，略帶歉意地跟他們說：「抱歉，主任有件事情想麻煩你們。」

「什麼事？」隊長問。

▲灰濛濛的臘月清晨，他們像是一抹明亮的光。

「咖歹勢，明天可以請你們早點來幫忙灑水嗎？」

「幾點？」隊長又問。

「六點半。」我有點尷尬。校慶在十二月中旬，加上學校在半山腰，大多數學生都是搭校車到校，六點半到校的意思就是得在灰濛濛的凌晨騎腳踏車出門。

「主任，你做代誌哪耶賽阿捏？」隊長說。

他這麼一說我也覺得很不好意思，麻煩他們灑水就算了，還要這麼早騎腳踏車來，沒想到他接著竟然說：「阿捏甘會赴？」他轉頭對著後面的特攻隊成員，又說一次：「阿捏甘會赴？」

在他後面的其他人都搖頭，「五點才會赴。」其中一人說。

我趕緊說：「五點不行啦，太早，天還沒亮！」

但大家都覺得五點才有辦法把事情做完，沒奈何，我開始跟他們討價還價，最後決定六點。「你們先別吃早餐，我帶早餐來，大家吃完再做。」我心想這樣一來也差不多六點半了。

沒想到他還是唸唸有詞：「你做代誌哪耶賽阿捏?阿捏甘會赴？」

不過我還是堅持六點，希望他可以諒解。

隔天，我比約定的時間早十分鐘到，把車開到操場正中央，車子熄了火之後，卻聽到四處都有吆喝聲，我看不到人，只知道四處都是人。有個學生從黑暗中跑出來說：「主任，你怎麼現在才來，我們都五點就到了。」說完他又消失在黑暗中。當我站在操場中央，站在黑暗之中的時候，我彷彿瞬間被他們照亮了，被他們包圍了。我端著裝滿早餐的箱子，身體卻輕飄飄的。

我們聚在操場吃早餐，我真是喜歡他們臉上的笑容，而且我深信人的臉頰就像一張紙，折的地方痕跡深了，就成了「面相」，一個人如果經常微笑，微笑的紋路就會成為習慣性的折痕，很容易在臉上漾開。

吃完早餐之後我不知道要讓他們做什麼事了，只好說：「要不然你們等一下都回班上去，看看班上有什麼要幫忙的。」

聽我這麼說隊長又不滿意了，他說：「你做代誌哪耶賽阿揑？當然是要再去噴噴水啊，水乾掉怎麼辦，你們說對不對？」這後一句他是對著所有成員說。

於是，吃完早餐他們一哄而散，又去灑水、填土，突然間剩下我一個人，雖然只是一個人，但我彷彿感覺有一件很多線頭勾勒成的「神農特攻隊」背心披了上來。

今年聖誕老公公不會來

12月 WEEK 3

這一篇「週記」想談談我的小孩。

只要接近聖誕節，好萊塢就一定會推出關於聖誕老公公的電影，我以前曾納悶，甚至認為聖誕節不就是商人要賣東西的節日而已嗎？直到有次看到一篇文章，它說好萊塢之所以會這樣做的原因除了保持傳統之外，「大多數的聖誕節慶影片，是致力於恢復人的想像創造力，不以眼見為憑，以充滿童稚的眼光重塑聖誕老人的神話。」（劉鎮歐，〈好萊塢聖誕節慶影片的主題變貌與信仰再思〉）

我覺得他說得很有道理，小朋友只需要知道月亮是空蕩蕩的一顆小衛星，還是應該保留對月亮的想像？讓月亮住著嫦娥，有兔子搗藥，也有伐木的吳剛……，好像有點反科學，但失去對身邊周遭事物的想像，童年會不會提早被剝奪或破壞了？小朋友的世界的「真」與「想像」之間是否應該切得那麼一清二楚？

我當然希望小朋友知道雨的形成來自於水的蒸發，有一套完整的循環系統，可是這樣的世界是不是過於無趣？雲端上有雷公電母、有天宮可以大鬧，當然也可以住著宙斯，而這樣的雲像極了魔術師的帽子，不時可以掏出東西，不時可以有驚喜，這樣是不是才算是小孩的童年？還是我們都告訴他們那些都是假的？

因此，我決定要讓阿牛相信有聖誕老公公的存在，三歲那一年就開始請他寫信給聖誕老公公，「老公公收到信一定會送你禮物。」

「他怎麼會知道我喜歡什麼？」他天真地問。

「所以你可以把想要的東西告訴他啊！」

阿牛還不會寫字，但他很認真畫出想要的東西，擔心畫得不像甚至會請我用文字註記，如此一來，我還可以順便教導他不可以直接索要禮物，要先問候老公公，最重要的是保有感恩的心。

在我們把信妥妥貼貼投進郵筒時他還是不放心，擔心老公公看不懂我們的文字，也擔心老公公半路發生意外，或是不知道我們家怎麼走、不知道誰是阿牛……。而除了幫他解惑，我還會讓他知道芬蘭在哪兒，藉由聖誕老公公看到全世界。

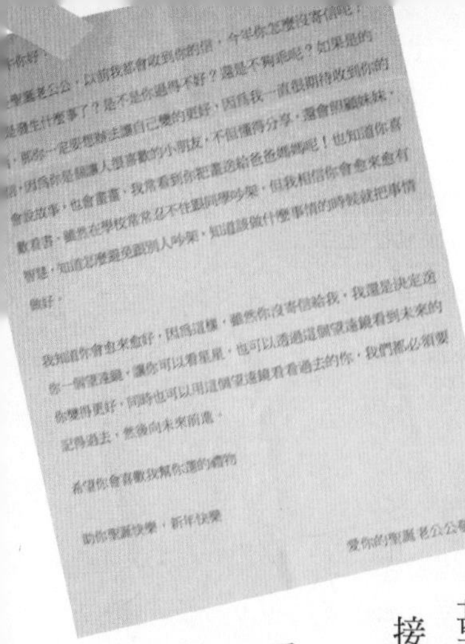

你好，

聖誕老公公，以前我都會收到你的信，今年你怎麼沒寄信呢？

是發生什麼事了？是不是你過得不好？還是不夠乖呢？如果是的

，那你一定要想辦法讓自己變的更好，因為我一直很期待收到你的

，因為你是個讓人很喜歡的小朋友，不但懂得分享，還會照顧妹妹，

會說故事，也會畫畫，我常看到你把畫送給爸爸媽媽呢！也知道你喜

歡看書，雖然在學校常常忍不住跟同學吵架，但我相信你會愈來愈有

智慧，知道怎麼避免跟別人吵架，知道該做什麼事情的時候就把事情

做好。

我知道你會愈來愈好，因為這樣，雖然你沒寄信給我，我還是決定送

你一個望遠鏡，讓你可以看星星，也可以透過這個望遠鏡看到未來的

你變得更好，同時也可以用這個望遠鏡看看過去的你，我們都必須要

記得過去，然後向未來前進。

希望你會喜歡我幫你選的禮物

祝你聖誕快樂，新年快樂

愛你的聖誕老公公敬上

▲聖誕老公公捎來的信。

我很希望孩子能保有完整的童年，陪他寫信、寄信，甚至相信有聖誕老公公都讓我覺得很開心，那是我們一起打造的童話世界。阿牛每年都很期待聖誕節到來，聖誕老公公是他未曾謀面的另一個很關心他的人。

近來阿牛一直被校方投訴，我跟他談過很多次，仍沒辦法有效改善，所以我決定不幫他寄信給聖誕老公公。但其實我早已經買好他想要的禮物了，也很想送給他，卻苦無理由，正好就以聖誕老公公的名義寄了禮物給他，並寫信鼓勵他，期待他往更好的方向發展，同時希望他不要一直陷入負面情緒裡。

我照慣例把禮物塞進他的被窩，睡覺前他赫然發現聖誕襪，又覺得很困惑，因為此時聖誕節已經過去。

「有一封信耶！爸爸，你幫我看！你幫我看！」他興奮極了，我假裝眼睛痠痛，要他唸給我聽，沒想到他唸了不到一半的內容就唸不下去了，開始有點哽咽，應該是喜極而泣，感受到了「聖誕老公公」的溫暖。我請他繼續唸，但他實在沒辦法唸下去，只好對我說：「你明天眼睛好一點自己看。」

隔天回到家，他正在畫畫，說要畫一張圖送給聖誕老公公，也寫了一封信要我幫他寄，寄給對他有期待的老公公。被人關心是會倍感溫暖的，世界有一個這樣的虛擬人物存在真的很溫馨，希望在聖誕老公公的陪伴下，小朋友們都可以開開心心長大，同時成為知道怎麼關心別人的人。

跨年後的紅包袋

12月 WEEK 4

跨年活動對年輕人來說是愈夜愈美麗，他們很喜歡這種活動，雖然我喜歡過的「年」從來不是這個年，不過偶爾也會參與學生們的跨年。曾有學生要我召開社群，大家一起在電腦桌前跨年，我覺得有趣，他們又這麼有向心力，就跟他們來了一次電腦跨年。大家為免錯過時間，在最後一分鐘便開始倒數，所有的話題全都暫時凝結，除了報時之外，沒有人出聲，直到倒數三十秒還沒什麼感覺，但隨著「十、九、八、七、……」時間慢慢遞減，好像所有靜默的話題都堵在最後「一」的出口，等著「三、二、一」之後便要向終點衝刺。所以當「〇」在畫面出現，大家便開始紛紛洗板，使用麥克風的人也一直恭賀道喜，好像剛剛一分鐘的沉默就是為了這時候的祝禱。

當學務主任時跨年就沒那麼愜意，得注意學生在跨年晚上是否有逾矩的行為。有

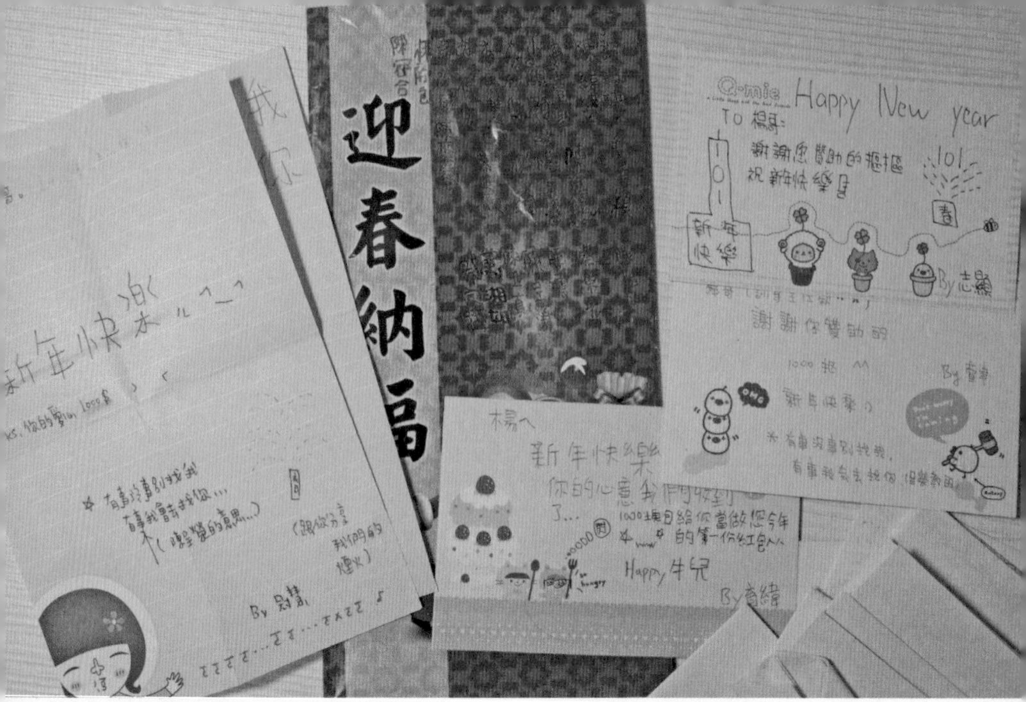

次正好聽到幾個三年級學生偷偷策劃跨年：「我們買點酒來喝，你覺得怎樣？」

或許因為起鬨的關係吧，沒有人覺得不妥，反而感到刺激、興奮，本來我很想跳出來痛罵他們一頓，告訴他們青少年什麼可以、什麼不行，但轉念一想，那樣的場合我沒辦法在場，根本鞭長莫及，現在罵他們只是流於形式，他們絕對不會因為被罵過之後便知道不該喝酒，搞不好還會因為被罵了，而改喝更烈的酒。

我回到辦公室開始尋思解決之道，終於想到一個點子。我找了幾個當天晚上預計會參與的女學生來，「之前妳們有邀請我參加妳們的跨年，我那天晚上有事沒辦法去，要不，妳們那天喝的飲料都算我的？」說完我便掏出錢來，其中一人覺得不是很妥，我知道她的意思，於是又把話說得亮一點。

▲新年快樂，我們那天晚上都沒有喝酒。

「沒關係，拿去，這是我的誠意——不過記得，不要拿去買酒。」我笑笑地看她，她也微笑以對，說：「你怎麼知道？」

「我有聽到。」我也對她微笑，「好好去玩，記得別喝酒。」她點點頭就離開了。

星期一回到辦公室，有一只莫名其妙的紅包袋，妥妥貼貼地躺在桌上，我覺得納悶，它來的並不是時候，而且紅包袋上還寫了密密麻麻的字，細看才發現那是一個個人名——一個個我認識，而且經常為他們擔心的名字。

紅包袋鼓鼓的，裡面是一張張小卡，每個人用不同的文字祝我新年快樂，而且一定寫上：「我絕對沒有喝酒！」於是我坐了下來，挑了最舒適的姿勢坐了下來，一張一張看，品味這些祝福。

「小鬼頭，」我在心裡微笑著，「也祝你們新年快樂。」

1/ 一月，走出學校

夜充滿蕭瑟
向太陽致敬的閃爍
美得沸騰
好多花謝了，趁著寂靜
聽，又謝了一朵落紅

MIT與學測

1月/WEEK 1

一月是高中生忙著準備學測的時期。這一、兩年社會上許多人紛紛檢討學測，提出「繁星計畫」影響高中課程完整性的看法，希望延後放榜，讓高中學生可以安安心心坐在教室好好上完高三下學期的課程，但如此一來又折了「多元」的美意，學生是在教室坐著了，但坐著度完高中課程意義何在？

即使對於升學管道的爭議不斷，但這個管道畢竟仍算安穩，能在安穩的情況下做選擇其實是幸福的，所以我更加佩服那些為了理想放棄準備學測的學生，他們的選擇層次更高，他們的夢想是：ＭＩＴ。

某天晚上九點多，有個學生說要拿醬油來給我，那天樂隊表演結束，已經將樂器安置妥當，大家都離開了，我獨自在校園裡等，開著遠燈，從斜坡往外照。

這個學生那時高三，做過很多夢，也圓過很多夢，我想拿醬油只是想找我的藉口。有人認為他的成就很理所當然，因為他聰明，但他自己一人在學校地下室看書沒有人知道；他也懷疑過自己，更必須耐得住孤單。他說，每當此時就會想起我，「如果是楊傳峰會怎麼做？」其實我也常常想到他，尤其是需要耐住孤單的時刻。我喜歡與他彼此談論未來的風流，他曾在高一的時候拿了一只馬克杯給我，他說：「上面印著我未來母校：MIT！」現在這個母校的輪廓愈來愈清楚。

我們在暗淡無光的夜晚對話，雖然看不清彼此表情，但我們還是同時發表了「努力不一定成功，而失敗至少證明我們曾經像個勇者，很高興可以在路上碰到幾個像這樣的朋友，這樣的朋友會讓自己更有能量」的相同感觸。

我喜歡這種風流，一種對未來充滿憧憬的風流，我們知道不是下定決心就會成功，但我們知道「不去做看看就會後悔」！因此，他今天拿醬油給我正是為了跟我宣布：「我要爭取麻省理工學院！」

我知道這一天遲早會來，只是不知道竟是在這麼尷尬的時候。

「要學測了，不是嗎？」我叮嚀他。

「我知道，但也是時候我要完成馬克杯的承諾了。」他篤定地說。他已經下定決心，今天還特地北上請教曾經留學哥倫比亞大學的朋友，了解如何應試。

「我都得靠自己。」他帶著孤獨的蒼涼說，但一點也不悲愴，反而有點慷慨激昂，「所以，我想請你幫我。」

我很高興他會需要我的幫忙，但同時納悶：「申請麻省理工學院怎麼會需要我的幫忙？」

就這樣，他把寫好的自傳交給我修改，自己去張羅其他事項。在他準備離開時，我覺得他的背影看起來好雄偉。

在這之後，他不知道去哪兒弄來口試題目，我們一起研究那些題目，好像在破關一樣。怪物等級很高，我們就組團打怪，雖然轉換跑道的人不是我，我卻覺得自己像是夢想之翼，可以幫他高飛，就算不行，也可以化成一道風，在他翅膀稍感無力時給他一陣需要的助力──因為我是一路看著他為這個目標前進的人。

他說如果能順利入學的話，將來要在校門口前吃一碗滷肉飯，台灣滷肉飯。我好喜歡他說「吃台灣滷肉飯」這一幕，能成為這一幕的滷菜，也覺得榮幸。為此我熬了幾天夜，這是大學泡網咖玩CS（絕對武力）、AOC（世紀帝國II）以來，第一次覺得興奮的夜晚，這是我這輩子跟MIT最近的距離。

早在他上高中時，我們就會不定時有早餐約會聊聊近況。他開始南北奔波，挑戰科展，高中生涯幾乎有一半的時間是在公假中度過，在外跟其他高手比劃，但只要一有什麼值得分享的事，我都很幸運會被通知。那時出國、學測滿級分兩種想像的飛馳讓他意氣風發，我能給的建議愈來愈少，而他飛得愈來愈遠，哪知道卻重重摔了一跤，這一跤，真的是很重的。

沒多久他便重整旗鼓，「我要讓指考的二類榜首出現在二水！」看到這則簡訊我很感動，一個向前躍進的生命正在鼓勵著我，我也不打算停下腳步，生命正一點一滴往未來前進，不管結果如何，我都得承認，有時是他啟發了我。

我常想，在考試升學之外，我們的學子有沒有其他路可以走？在多元與基本學力的拔河中又該如何選擇？人生不會只是一場學測，也不該只為了一場學測，如果能跳脫窠臼，這些的努力是不是可以走得更遠，更穩？

蕭敬騰，謝謝你

1月 WEEK 2

「楊老師，這裡是關懷台灣文教基金會，我們有一組蕭敬騰的鼓，不知道你們用不用得到？」

這通電話來得突然，卻相當奇妙，她口中說的「蕭敬騰」好像就那麼一個，但那一個又不大可能出現在我的生活中，更何況是他的鼓！但我沒有太多時間分辨到底是哪個蕭敬騰，只能盡快給出答案，於是沒想太多就答應了。應允之後，這個消息便成了祕密，我只跟當時擔任訓育的建峻老師說過，不過我好像在說夢話，感覺一切很不真實。

半年之後我又接到電話：「楊老師，電子鼓今天寄出，一兩天就會到。」

這通電話一樣來得很快，不，應該說這個訊息來得讓人無法相信，但鼓已經寄出，已經在前來二水國中的途中，我腦筋有點空白，不知道該怎麼說謝謝，也不知道該怎

TO:二水國中的小朋友們
這套鼓是我世界巡迴演唱會上使用的鼓,
希望你們會喜歡!!
蕭敬騰

麼表達我心中浮現的奇妙——若有時間我可以長篇大論——但對方只是告知，於是我只能把所有的詞藻濃縮成「喔！」而不讓電話那頭等待太久，殊不知其實我有很多話想說。

鼓送來之前我只知道那是「鼓」，蕭敬騰用過的鼓，並不知道是什麼類型的鼓，而且就在前一天，才跟負責打爵士鼓的學生一起修理落地鼓的鼓棒。它不能回彈，無法連續敲擊，為此我還特地上網查了一下爵士鼓的價錢，「十多萬！」我在心裡吶喊，趕緊關掉網頁。

沒想到放學前來了一輛貨車，有八件包裹，赫然就是蕭敬騰在世界巡迴演唱會使用的鼓，幾個管樂隊的學生歡天喜地哼唱「夜太美——」，不知多少人開始羨慕打擊組，接著就有人想要轉到打擊組。我可以理解學生們的興奮，蕭敬騰可是當紅的偶像歌手，在華人世界無人不知，無人不曉，能被他青睞就夠銷魂的了，竟然還能收到他的鼓，以及祝福的卡片，那簡直是一件令人瘋

▲蕭敬騰所附上鼓勵學生的卡片。

狂的事情。

我這把年紀了，對偶像沒什麼關注，不過今天我對老蕭倒是有點不一樣，他竟然把世界巡迴的戰鼓送到了默默無聞的鄉村，交給籍籍無名的管樂隊！我相信不只是我們，肯定還有別人也收到他的禮物，能在功成名就之後分享溫暖給社會，是一件不容易的事情，於是他也成了我崇拜的對象。

我在網路上看到他送東西給其他學校時，說了這樣一段話：「這些事情不是刻意去做，你不去做不是太浪費了嗎？對我來說是非常小的事情，小到不能再小的事……曾經這個東西屬於我，也幫助過我，但現在的我可能不是這麼的需要它，它是還能使用的東西，應該要給適合的環境跟適合的人來使用它……幫助他們，這只是過程，不是刻意的……。」

這段話似乎也是說給我們聽的，我從這段話當中找到了他把鼓送來的初衷，所以這鼓雖然成了「鎮隊之寶」，但我們從不把它束之高閣。蕭敬騰應是希望喜愛音樂的人能透過它，成為跟他一樣棒的人。既然如此，我們也會用這樣的心來使用這鼓，延續蕭敬騰的愛，並盡力讓管樂隊成為音樂的溫床，讓喜歡音樂的孩子們可以在其中徜徉。

＊民視新聞　年代新聞

教育即生活

1月 WEEK 3

距離寒假剩下沒幾天了，班上有兩件重要的事正在規劃：一是寒假校外教學，另一是美斯樂文具招募。校外教學是我回任導師很想做的事，想向光武的茂成主任（已經是校長）、樟湖的清圳校長致敬，讓孩子帶著學過的知識去印證，讓孩子知道「課本的知識其實就在生活周遭」。不過也不用說得那麼正經八百，我只是希望他們想去的地方可以連結到曾學過的知識。

我們打算在埔里過夜，途經集集、車埕、日月潭等地，我讓他們選擇要去的景點，經過一個禮拜的討論，要去的景點已經決定了：集集攔河堰（結合地理課剛教過的河川、水文）、明新書院（古蹟，跟歷史結合）、特有生物研究保育中心（就是生物科了）、明潭發電廠（能量轉換），先探索電，然後夜宿埔里，晚上一起看電影。隔天則是廣興紙寮（往環保、PM2.5的方向思考）、日月潭（群山環繞，可以結合地理教過的地形與原住民歷史）。

各組就分配的景點構想學習單，每組做兩頁。構想學習單的時候就要抓著課本，或上網找資料，學習單之外還要訂房，蒐集交通資訊，找電影院、吃飯的地方，詢問館藏……，這些工作我都打算讓他們自己來，要注意的是，點跟點的轉換得搭配時刻不很精準的公車運輸，因此地點的停留得有一番盤算。

其實我們本有機會直接搭遊覽車。鄰近高職的校車可以提供單日三千元（不過夜）、兩天六千元的優待，比起搭火車、坐公車、騎腳踏車（在集集點的移動）便宜，不過這樣一來就比較沒有自助旅行的感受。我跟他們說：「我腦中的景象是我們揹著背包在公車站吃青箭口香糖。」最後他們也決定選擇相對麻煩的大眾交通工具。

▲（由上而下）校外教學之廣興紙寮、大觀發電廠。學生放下手機，用指尖滑過玻璃上的水氣，此時氤氳的日月潭，猶如潑墨的山與水。

但我也不是真的把工作都留給他們，其實這些資訊我老早就蒐集好了，連參觀的流程也在我的掌握之中呢！我只是希望他們自己來，學會規劃旅行。其中住宿是我比較擔心的，所以先行打電話去問過，還真的差點沒地方住。等打點好之後我跟老闆說：「我的學生會另外打來，麻煩你再跟他們說明房型，讓他們自己訂房。」老闆人不錯，願意配合演出。

第二件事就是募文具到泰北，因為我計畫寒假要到清邁，兼著走訪美斯樂。美斯樂就是多年前《異域》電影中的國軍駐紮地，他們現已獲得泰國政府承認，可是學華文算是課外補習，只能晚上學習，台灣也有老師去當過志工。我想自己就是不折不扣的「華文」老師，若能在那裡幫忙上一堂課也很好，便鼓起勇氣打電話詢問，順便問他們需要什麼文具——這也是向宜蘭陳怡翔老師的「熊愛尼」活動致意，她班上在畢業前夕製作了很多隻木作熊，要送給因地震流離失所的尼泊爾人民。我覺得這樣的善舉很棒，很值得學習，因此我跟孩子們說：「你可以把文具包起來寫上名字，我會把你的東西揹過去，並在他們的校門口拍張照，拿回來送你，讓你知道你的東西到了那邊，交給了需要的人。」

沒想到學生非常願意幫忙，甚至主動到其他班級宣導。而因為這樣，我又另外給予機會教育，我不希望他們帶著宣傳海報就冒冒失失跑進其他班級去索取東西，而應該是有規矩、有口條地進行勸募，如此一來還可以訓練台風。

原本以為願意配合宣傳活動的學生應該不多，沒想到竟然有超過半數的人願意加入，於是我們的宣傳活動正式開啟，也收到其他年級、班級的贊助，班上一度成了文具中心。或許學生知道這些文具是要送給需要的人，因此看到它們凌亂地躺在餐車上，學生們會自動自發去整理，還有人擔心當地沒有削鉛筆機，沒辦法削鉛筆，專程從家裡帶來削鉛筆機，準備把募來的鉛筆都削好，我一看趕緊制止，說：「你們很貼心，能幫他們想好這一點，不過削好的鉛筆比較容易折斷，不如我捐一台削鉛筆機吧。」

沒想到削鉛筆機也不需要我捐，隔天就多了一台包裝好的削鉛筆機，學生說：「我們繼續削，把狀況不好的整理好，也送他們一台。」

我的班上就因此忙碌起來，這些忙碌都不是老師吆喝的，而是學生自發的，他們經常利用下課時間做些「家庭事業」，連第八節之後、星期六也願意來幫忙包裝。

看到他們這樣投入讓我覺得很欣慰。當一件事情的意義連結到學生本身的時候，那件事情自然會成為他們的生活重心，成為生活重心的事情不用大聲疾呼、三申五令，就知道「該」做好。教育就是該像這樣，與生活密不可分。

當我把文具扛到泰北的時候，美斯樂校方本想要出車幫忙載運，但我堅持要自己拿過去，雖然很麻煩，但這是我和孩子的約定：「我會幫你們把文具送過去！」

學校之外的教育家

1月
WEEK 4

陳養明阿公已經幫忙站交通導護好幾年了，學校下方有個大路口，需要導護老師值週，校門口則由學務處人員負責，阿公就站在路口的大樹下，不論晴雨。

第一次和阿公站導護時，我還沒七點就到了，但他已經在那兒了。隔天我提早一點點到，他還是到了。再隔一天，我六點四十五分到，他又已經在了，我忍不住問他到底幾點來到，他說：「六點三十。」

從此，我就不跟他比誰早到了，不過我與他見面的第一句話總是：「吃飽沒！」有次他跟我說：「主任，我都吃飽才來，不用再問了。」

我沒回應他，依舊把這句話當成問候語，因為我記得以前住在山上的時候大家彼此問候的就是這句話，他讓我有「厝邊」的感覺，我喜歡用這句話當成跟他見面的第一

句話。

十二、三年了吧，每每看到他佝僂的身影就會覺得他好了不起——尤其是下雨天，我常跟他說放學後不用等到第二班車，第一班車走了就沒學生了，可以先回去不用站了，他說那不是他的風格。若是時序進入臘月，第二班車走後五點半，天也黑了，我就會看到他在大樹下牽著腳踏車離開而身影漸漸被夜抹去了輪廓。學務處的人向來號稱第一個到校，最後一個離開，在他面前就言過其實了，因為阿公才是那一個人。

星期三早上到他家去找他聊天，他泡了一壺苦茶招待我。那時剛好下著雨，而阿公家前面是一片稻田，稻田再過去一點就是彰雲大橋，橋下是滾滾的濁水溪，跨過濁水溪便是林內，林內正對著阿公家門口的小山如

▲停、看、聽，我們的導護阿公。

一道屏風，我們面對著屏風，喝下一口一口苦茶。氤氳的水氣是一顆顆透明琉璃磨成的粉，而青春洋溢的禾頂著十五歲的天空，任斜斜的雨絲滑過，我們倆用大樹下的林林總總佐茶。

臨走前阿公說他下禮拜二會請假，就不再打電話請假了，我開玩笑說：「該玩就去玩，反而是導護工作不要太認真。」他對我搖搖手，說：「咩賽阿捏！」

才把外套的帽子套起來，不到幾秒鐘，雨就把我淋溼了，但雨季中大樹下的雨衣裡，卻有一顆暖暖的太陽，而且是三百六十五天，全年無休。

我很敬佩這些在學校之外卻做著學校之內的事的人，我是領著薪水，但這些人卻比我們認真，而且是心甘情願付出。

之前在網路上認識一個英文老師 Jessie，她每學期都提供二水國中的學生獎助學金，已經持續七、八年了，一開始她的獎助學金門檻是：「只要各科平均八十，家境較辛苦的學生就可以了。」

我一聽覺得不妥，趕緊對她說：「在二水這裡如果課業平均可以八十，通常家庭環境都是不錯的。所以妳的獎助學金門檻若沒降到七十，不會有妳想幫助的學生。」就這樣，除了二水這裡，其他地方的獎助學金門檻平均都要八十以上。

因為是網路上的朋友，而且不是什麼大型機構或企業，她只是設計教具的英文老師，拿出來當獎助學金的錢就是她的收入，所以基本上除非她提醒我，不然我不會主動向她申請，但她總是準時提醒我：「Mark，這學期可以申請獎助學金了喔！」

我曾經好奇過她是以什麼樣的心情在做這些事情，但她總說不出個所以然。去年上了台北一趟專程跟她見了一次面，那是唯一一次的見面，我們坐在咖啡廳裡聊天，她不只照顧學生，也開始照顧毛小孩，她說：「錢賺來就是要用，反正我沒小孩，錢只要夠用就好。」

哇，我好喜歡她這樣的風采喔！她讓我聯想到台灣最出名的賣菜大嬸——陳樹菊，對於自己的奉獻，她說：「我不過是選擇了用這種方式花錢，買的東西不一樣而已。」

這樣的人並不喜歡人們用「偉大」形容自己，她們認為這只是自己的生活方式，自己平安喜樂，也希望大家平安喜樂。

這些在學校之外的教育家真的值得敬佩，也值得學習。

2/ 二月，留一分堅持

記得回家

大年初一我們還得走春

探望鄰居、老朋友與

初生的模樣

即使在染坊上錯了顏料

回來吧

調色盤裡的各種可能總指著正確的自己

我愛舊曆年

2月
WEEK 1

我喜歡過年，喜歡過「舊曆年」，舊曆年蘊含著許多「已經的」過去，或成為風俗，或成為儀式，只要丟開表面的繁文縟節，便可以一窺過去生活的點滴。那些點滴是我們共同的過去，亦即我們的最大公約數，這些公約數都是經過千錘百鍊而成，也唯有如此才讓我們成為我們。同樣道理，我喜歡七夕，而非二月十四日，就因為有牛郎織女的故事織就了七夕。

擔任學務主任時，遇到校慶、畢業典禮，我一定要求學生唱校歌，剛開始學生都覺得我很古板，其實我的想法很簡單：這首歌將會成為他們共同的記憶！很多曾經是二水國中學生的民眾聽到校歌時都很感動，他們會因為熟悉的旋律回到「當初」，腦中浮現當學生的種種，校歌濃縮了三年的記憶，成了這段記憶的資料夾。所以我希望學生會唱校歌，便是希望他們可以把這個資料夾帶走，裝著二水國中的種種。

去年暑假，我到日本九州武雄自助旅行，不經意走進了武雄國小，校門口內側立著一塊石頭，非常顯眼，篆刻著校歌歌詞。我當下非常激動，校歌在台灣都成為人人唾棄的舊東西了，日本小學為何卻如此看重？我並不是說舊的就一定好，在我們要揚棄任何東西之前，有沒有想過到底是要建立什麼新的？近年來不要說校歌了，連制服也都人人喊打，我們一直在丟——傳統並非就是好的——我們丟得太快，快到我們都不知道要什麼，只知道不要什麼。

有些不合時宜的事物是該丟，但是什麼又該被留著呢？如果這些共同的記憶全是不好，為什麼很多人談到當初穿制服、唱校歌總是神采飛揚？問題又來了，既然這些是共同的記憶，誰有權力決定存廢？若由「當初的我」決定要不要穿制服、唱校歌，我投的也會是反對票，但是當「現在的我」看著照片中學生時代的我，總會認為制服穿起來真好看！

什麼時候的我所做的決定是對的？誰又對這樣的共同記憶有權力決定存廢？

我刻意留下了一件牛仔外套，它象徵我的國中年代。偶爾還會穿著它騎車出門兜風，那是對一個時代的敬意，也是緬懷。去年（二〇一六）江蕙要退休了，想起小時候住在鄉下，每當遇到午後陣雨偎在筍灶邊烤火，或者颱風來了沒辦法出門工作，轉轉電台來聽就成了唯一娛樂，如果聽到江蕙的歌，大人還會趕緊把音量調大，不用拉天線，也不需轉方向，在嘰嘰喳喳的干擾聲中都能馬上辨識出：江蕙！跟著她歌聲的鋪陳，我們好像走在青青草地，一個音，一個腳印，慢慢往前，即使心裡知道這首歌會有結束的時候，那也是三、四分鐘之後的事。在這幾分鐘之內，不管是雨打落葉枝幹鐵皮，或是五叔磨刀、二叔剖竹、小灶上鍋碗瓢盆亂響，所有的不協調都會跟在同一支麥克風後列隊，直到音樂藏進雨裡。

我很喜歡的護士阿姨也在前年退休了，她任職的二、三十年寒暑我就參與其中的十年，更重要的是擔任學務主任這四年。每天七點半她就到校了，她總是從健康中心前門進去，打開靠走廊的窗、對面的兩扇窗，接著打開另一扇門，鋪鋪床被，檢查用具，蒸汽消毒。如果看到哪裡有髒亂或落葉，她就拿起畚斗掃把，這邊掃掃，那邊撥撥；一切就緒後，就到校外馬路散步，她的路線總是環繞校園一周，這個圈圈她已經走了很多年。往往路過健康中心，就會看她在謄寫資料，為了跟她的「老朋友」相處得宜，坐在電腦前她會習慣後仰半個頭。她有一雙讓人放心的眼神，而我總是跟學生宣告：「護士阿姨是全校最溫柔的女性！」經常有人會到健康中心來找阿姨聊天，沒病痛的人也會來看看她，即使是假裝小病痛，她一樣一視同仁。大多數回到學校來的校友，總會問一句：「護士阿姨呢？」

我不曾躺過健康中心的床，大都坐在床上隔著小小的走道和她聊天。她有時問診，大多時候是傾聽，彷彿有一種神奇的療癒能力，就像鞋櫃一樣，讓人在進門前放入鞋子，不帶著塵土、泥沙走進家裡，家裡可以乾乾淨淨、保持芬芳。她退休後的第一個禮拜某天中午有學生問我：「護士阿姨呢？」我當時還直覺反應說：「我剛剛有看到她。」但抬頭一看，健康中心關著，是關著的。

過年前我因為忘記驗車，被註銷車牌，加上車門被撞需要重新板金，心想既然要換新車牌，索性連烤漆都換成新的顏色。這兩天車回來了，以全新的面貌回來，我刻意開到街上去，外人看到這輛車一定會誤以為是新車，認識我的人看到車也不會知道這是我的車，只有我一個人知道，因為方向盤、椅座、收音機、操作感……，就連扭開鑰匙的點火時間都是我熟悉的頻率。

我想「再見」這個詞就是在這樣的情境發明的吧！當我們道別的時刻便同時預約下一次見面，在新跟舊之間，我們總可以穿越，又無法穿越，而那些無法被取代的記憶，往往是因為「舊」，必須用歲月發酵，如果我們可以多一點耐心，等時間過去之後，便有一根根大大的柱子支撐著我們的生活方式，成為我們的共同價值。

來自赫爾辛基的明信片

2月
WEEK 2

很久很久以前我還是一個分校的小學生，有一年暑假很特別，有台北來的大哥哥大姐姐為我們辦營隊。我的故鄉是家家割筍，戶戶務農，小孩子在暑假幾乎都躲在深山中過史前生活，除了每學期報到的新老師之外，村裡幾乎沒有生面孔，偶爾來擺攤的行動雜貨車就是我們的「夜市」，更何況是年輕的大哥哥大姐姐。

那年暑假我們學了好幾首歌：〈海水正藍〉、〈愛的真諦〉、〈快樂天堂〉，終於跳脫分校主任（鄒族）的tone，不再是〈高山青〉、〈康定情歌〉……。我記得第三天晚上還有營火晚會，我們這些只看過廟會的小朋友都異常興奮，更重要的是，我在那天晚會之後得到一個禮物：一架線控機器人，那是經由一個大姐姐給的暗示，我才有辦法獲得。在機器人被我拆解之前，我一直是大家追逐的對象。而之後大姐姐也跟我通過

幾次信，她知道我愛猜謎，常常在信裡寫些謎語讓我去猜。

營隊最後一天的團康活動是小組圍坐在操場，由大哥哥大姐姐們彈吉他伴奏，大家歡唱這幾天學到的歌。只是愈到離別時間，情緒愈難控制，最後哭成一團，我一直記得這些事情，即使只有短短幾天。去年在一次因緣際會下有大學生社團請我去演講，好巧不巧就是當初大哥哥大姐姐們的學校，這個社團計畫深入偏鄉教舞蹈，想知道如何跟偏鄉孩子互動，我沒想太多就答應了。在踏進椰林大道前我停了一下，不是躊躇，而是感動，我興奮於完成了一個循環，在我踏進去台大校園的同時，這個圓被連接起來，成了一次善的循環。我好喜歡這樣的圓！

演講結束，當時的社團負責人很興奮跑

▲圓一個因緣，到台大壹柒伍捌兒童青少年舞蹈服務社分享。

來跟我說：「我要當老師，聽完你的演講，我更確定了！」她的眼神很堅決，「我讀法律系，要當公民老師！」

不過我並不確定這是很棒的選擇，雖然法律系就是法律系，但我總覺得台大法律系好像可以做更多事，「要不要再考慮考慮？」我問。

「我要當老師！」她仍舊非常肯定。

我不知道該怎麼勸她，也不知道勸她是對或不對，這是我第一次有勸人不要當老師的念頭，尤其是在對方這麼興奮的情況之下。

「下學期我要到芬蘭去當交換學生……。」她開始眉飛色舞分享大四的規劃，我也跟著飛到了她的遊學國度，想像著她在圖書館閱讀資料、在教室內跟同學討論，以及自己埋頭苦思如何完成作業的樣子。

「哇！」我忍不住讚嘆，要知道芬蘭可是在地球的另一端，「加油，加油！」我拍拍她的肩膀，「多帶點東西回來，台灣的教育很需要妳帶回來新鮮空氣。」

約莫半年，我收到一張明信片，來自赫爾辛基（Helsinki），在北歐，地球的另一端。這張明信片旅行了十一天才回到台灣，拿到它時我不自覺地會心一笑，拿著它搧風，還以為會掉些雪花。

他們是「壹柒伍捌」——兒童青少年舞蹈服務隊，利用寒暑假到偏鄉跟孩子跳舞，為了這個因緣，我們認識了，這真是一次很美妙的邂逅，特別是我現在手中還拿著明信片，這可不光是我心中的「大哥哥大姐姐」記憶，還有我們因為「偏鄉」而巧遇。

雖然我心裡不免覺得可惜，她的學歷好像可以做更多事，影響更多人，而非只拿著課本在教室裡教書，但她此刻在芬蘭，躍然地將正在發生的事情透過文字跟我分享，她正跟很多不同國家的學生一起討論教育，也正在思考著台灣的教育問題，也許這就是她的選擇——當一個教師，自在地在教室裡教導學生課本裡的知識，行有餘力跟同學分享自己的經驗以及夢想——透過不同的經驗，不同的高度，做不一樣的教學，在同樣的教室裡。

所以，我很佩服這個勇於挑戰自己的女孩，她將會是一個卓然特立的老師，不只是在她的課堂中，更是在她的人生課堂裡。

被攻占的頭版

2月
WEEK 3

前兩天報紙滿滿都是關於學測滿級分的新聞，其中不乏出身辛苦家庭的孩子，這些故事十分勵志，不過在這些滿滿的欣喜、驕傲之後，輿論便開始討論滿分人數銳減（少了四十四人）的原因是學測、會考不斷模糊成績差距的後果，因此對台灣的教育大多感到憂心。

「分數」似乎是台灣教育追求的唯一目標，也是幸福、快樂指數之所在，但分數之外呢？

我們都知道吳寶春，前些年新聞曾報導他想繼續升學，台灣卻沒有適用的制度，但新加坡為了爭搶人才則積極奉上入學通知。當時台灣雖也紛紛討論怎麼修改制度，但吳已經赴新去也，而今年他從新加坡畢業了。

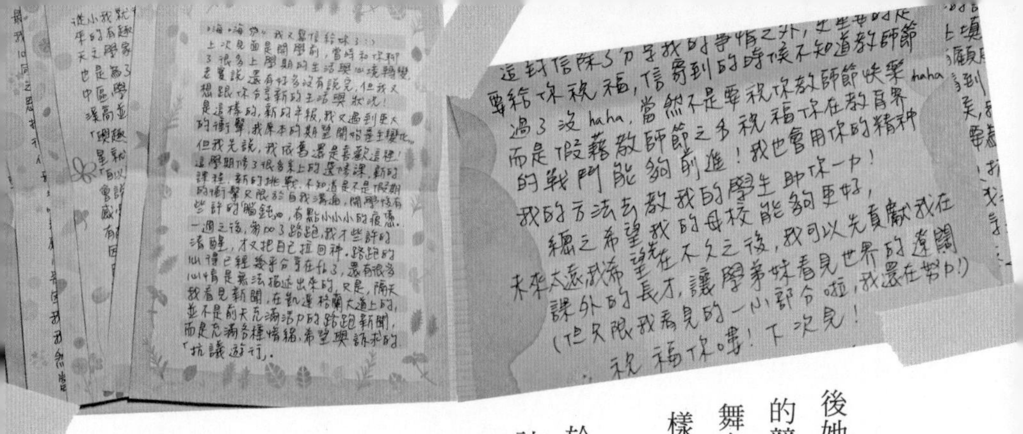
這封信除了分享我的事情之外，更重要的是
要給你祝福，信寄到的時候不知道教師節
過了沒 haha，當然不是要祝你教師節快樂 haha
而是假藉教師節之手祝福你在教育界
的戰鬥能夠前進！我也會用你的精神
我的方法去教我的學生助你一力！
總之希望我的母校能夠更好，
未來太遠我希望在不久之後，我可以先貢獻我在
課外的長才，讓學弟妹看見世界的遼闊
(但只限我看見的一小部分啦，我還在努力!)
祝福你嘍！下次見！

前陣子已就讀大二的校友奕慈報名學校晚會主持人徵選，徵選結束之後她在臉書上寫道：「結果什麼的其實看得很開，因為我敬佩的人也是我的競爭對手，至少我還記得上台的感覺，還記得說話的感覺。再一次站上舞台拿著麥克風說話的感覺是多麼令人懷念，謝謝自己的行動力，抓住這樣的機會。」

知道她參加了這樣的甄選很替她高興，聽到一個來自鄉下的孩子勇於抓住自己的夢想真令人振奮。我想起了她國中上台報告的樣子，不是神采飛揚，也不是自信滿滿，不過她很會說故事，娓娓道來，常讓我沉浸在她的故事情節中。有次我倚在窗邊聽得入迷，完全忘記時間，只記得有微微的風從窗口送進來，直到她說完這陣風還款款吹著。

她在甄選結束之後回到學校來找我，很開心地跟我分享這次的經驗：「有人一上台就用流利的英文開場，說學唱逗，好厲害喔！」

「看到這樣的對手，妳有嚇到嗎？」我問。

「不會啊，這是我想做的事情，即使沒有成功，我還是做了，我喜歡我自己的勇氣。」她說。

我好喜歡像這樣當個聽眾，聆聽年輕人追夢的過程，不談分數、

▲勇敢追夢的奕慈說她會用我的精神、她的方法去教她的學生，助我一臂之力。

考試，簡單而且純粹，只談生活，我甚至還會心生那麼一點點羨慕。

甄選結果出爐，她寫了一封信給我：「……小女孩長大了還是愛哭……，沒能與高采烈給你一通電話，告訴你『我做到了！』……這個情節我們下集待續，大女孩會繼續堅持自己的夢想的。」

我看到她上傳一張照片，是她穿著小禮服，坐在階梯上，臉書記錄著當晚的心情，我彷彿看到她拿著自己雕刻出來的字上的尖刺往身上扎，此時信箱同時傳來了一封手寫的信，以圖檔的方式寄送過來。我馬上回了一封信，想著要不要也用附加檔案送過去，但後來我決定寫上住址、貼上郵票、緘上封口，讓這些文字醞釀成一塊塊貼布，一句句叮嚀。

在她收了信之後，又在臉書上回應：

前天收完信感動完
昨天又被感動一次
一大早有點糟糕的開始
結果看到文章後完完全全不能思考

只知道早晨的雨滴已經溼潤了眼眶
只知道早晨的寒冷已經變溫暖許多
因為那些字句之中摻雜了很多情緒
裡面的每個比喻都觸動了我的心情
沉澱了一天，我才回過神給予回應
除了感謝與感動，我只能說，
等我用下一個故事來回謝了！
不過因為花了不少時間任性地去追了很多的夢
最近必須把精力回歸到現實的考驗了啦
下集，不會像之前一樣以年起跳，
但還是需要一點時間去醞釀啦

年輕人追夢的方式很多，但勇氣的型態只有一個：「Just Do It!」會考只是眾多方式的其中一個，如果這些滿分的背後都有一個夢想的話，通篇的報導都能振奮人心；如果少了夢想的成分，再高的分數只是枯燥、乏味的阿拉伯數字。

教會的補救教學

2月／WEEK 4

某日，社區教會的李盈賢牧師和牧師娘陳春菊（也是牧師）到學校來，找我討論班上學生的情況。這學期他們申請了課後照顧班——不是補習班，他們的對象是沒辦法去補習班的孩子，我班上的林姓學生在那裡成效不錯，他的國小同學都覺得他進步很大，我於是讓他當「大魔王」，只要小考輸給他的人處罰要加倍。原本大家都不以為意，沒想到被加倍處罰的人愈來愈多，他樂得當大魔王，也以被處罰的人數變多為成就。

不過半年之後他出現了疲態，開始出現遲到、學習態度不佳的情況，經常跟上課老師起衝突，而這次的衝突更大，林同學嗆老師說：「我要當流氓！」說完就奪門而出了，所以牧師夫婦來找我了解情況。

「其實，上課老師都希望他可以離開，不然會影響上課品質，但我希望他可以留

下來，課輔班想幫的就是這樣的學生，問題是……」李盈賢牧師突然吞吞吐吐，在一旁的陳春菊牧師接著說：「有另一個品學兼優的學生想進來……我們的名額有限，加上他還會影響到別人，有人就因為他而想退出課輔班。」陳牧師語重心長。

「該退出就讓他退出。」我說。

「你覺得呢？」李牧師問。

我看看牧師夫婦，他們一臉謹慎地看著我，於是我收起客觀，「如果可以，我希望他能留下。我去過他家，我相信如果下課後有個地方讓他可以去，且能長期關心他，他會變得更好，不過……」

李牧師沒等我說完，馬上接著說：「那就留下來。」

「可是不是有人想進來嗎？」我問。

「我們就是來問你的意思，也希望你可以幫忙，盡量幫孩子穩定下來。」李牧師說。

「你們願意讓他參加課輔，讓他作業可以準時交，還願

▲二水教會李盈賢牧師陪孩子進行課輔。

意這樣，」我用手比劃一下他們夫婦，「我只是敲敲邊鼓沒問題的。」

「那就麻煩你了。」李牧師和緩地說，他總是有讓人舒坦的口吻。

「怎麼會麻煩，是我麻煩你們了。」我不好意思地說。

接著李牧師問起他家的情況。

「之前開學時他有一兩天沒來，我去他家找他。結果是他的親戚出現，親戚跟我說在他國小三年級的時候，他父親走了……」

我很樂意跟牧師夫婦交換資訊，能有兩個這麼關心他的人願意跟我談他的事情，我是求之不得，更希望這孩子能因為多一分關心，而慢慢走回正軌。

我很佩服李牧師，他做了很多事，包括開課輔班。他自嘲自己很外行，但就是希望能為社區多付出一點心力，「我的孩子也上小學了，」他笑笑地說，「如果可以幫他們改善學習環境，這一切就值得了。」

我相信他絕對不是只自私地想幫自己的孩子改善環境，而是一分責任感，一分來自對社會該有的承擔。

他對我說：「我們的對象不一樣，卻擁有一樣的信仰。」這句話對我來說真是很大的恭維。教書是我的工作，若能因為工作的關係而有一點點教育成就都是額外的收獲，但牧師自打開始便是以教育為職志，為了提升二水孩子的受教品質，他甚至希望提高教師鐘點費，我曾語重心長地問他：「經費來源呢？」

沒想到他卻很爽利地說：「就做到沒錢為止啊，不是嗎？」

他說這句話的時候，沒有特別的表情、語氣，卻如暮鼓晨鐘般在我耳畔響著。也許他們不需要別人覺得偉大或了不起，但願意為孩子這麼做真的需要大大讚揚。

我一直認為補救教學應該結合社區的力量，因為需要補救的孩子大多需要的就是「陪伴」，能有一個地方讓他們晚上安穩寫功課、讀書，學習自然會有起色。台灣少子化問題嚴重，行政部門打出「一個都不能少」的口號，希望可以幫助每一個學生度過學習瓶頸，我一直覺得這個口號很好，的確是該這麼做，我們不該讓孩子在國小、國中的學習階段就脫了隊，問題是，「補救」要補的是學習時間，還是發生的原因？

牧師夫妻離開前跟我道謝，當他們跟我道謝的時候我有點不自在，他們解決的是我班上學生的課業問題，我說謝都來不及了。上車前他們突然說：「可以麻煩你幫我們打電話給他媽媽嗎？每次撥電話，電話通常不通。」

「哈哈，我知道，這種情況我也遇過，他媽媽可能是不知道怎麼應對吧，別見怪。」

他們離開之後我馬上打電話給家長，請家長也要多關心一下孩子在教會的情況，同時提醒她別忘了跟牧師致謝，「畢竟是自己的孩子。」掛電話前我總是會多一句這樣的話。

我衷心希望這些被關心的學生、孩子們能多看一眼牧師夫妻的神情，如果他們注意到那些眼神，就會知道還是有人對自己抱有期待啊！

3/ 三月，課堂外的風景

跌倒濺起的水花
抹成牆上的彩虹
傷痕或淚水都是
筆尖的永字八法

二十人二十一腳

3月 WEEK 1

我曾經帶著上一個班參加二十人跳繩比賽，獎金跟名次都不是重點，重點是我們參加過這樣的比賽。

我們得利用早修、午休和自修課練習，一個多月後就得跟磨刀霍霍的學校競賽，過程中我不斷跟甩繩的學生討論如何將繩子甩得更平穩些，也幫他們錄影，希望透過影片找到缺點。那時我還故意壓抑他們練習的衝勁，我知道他們會吵著要練，然後就會慢慢疲乏，尤其在有人受傷、遇到瓶頸時更是如此，因此我宣示：「星期一到五只練二三四，比賽前兩個禮拜才每天練。」剛開始，他們看到別班練習都會吵著要練，但我仍堅持作戰計畫，讓他們保持「飢餓感」。那時我們總是跳不過一百二十下（三分鐘，累計次數），終於在某一天，他們跳過了一百二十下，我永遠記得他們聽到我數數到一百二十時的歡呼跟驚喜——但所有人中，只有我知道他們多跳了二十秒。從此，他們都認為自己有辦法在三分鐘跳過一百二十下，也就這樣，一百二十下變成了我們的下限，而非瓶頸。

比賽是公平的，名次更好的隊伍一定付出比我們還多，我衷心祝福贏過我們的學校，同時為我們贏過自己喝采！我們跳出了最佳成績，甩繩的人手中的水泡、跳繩的人小腿的「鐵腿」，以及過程中出現的掙扎，甚至爭吵，都成了畢業前夕的美麗風景，也成了畢業後大家的共同話題。

可惜這種超越勝負的感動似乎被「超額比序」破壞了，大家參加跳繩、拔河、接力賽、二十人二十一腳……，都是為了積分，有的隊伍甚至整軍經武了一年。原本這樣沒什麼不好，鼓勵大家注重體育賽事也是教育的一環，我從不會因為超額比序造成參賽爆炸而忿忿不平，反而覺得這是好現象，是進步的，教育不該失衡於讀書，用體育賽事平衡一下讀書味也是好的。

但因為參加隊數暴增，得名機率下降，單純要帶小朋友出門開開視野似乎變得「不很正當」，顧忌的事情也變得多了，討論的焦點不再單純地放在小朋友身上，比賽的原因、動機又得夾雜著一些大人的思考。老實說，我很不樂見如此「深謀遠慮」的情況，我很直接：要，就參加，輸贏總是排在過程之後。當然，我這麼想是過分浪漫且不切實

際，但是讓孩子出去被「電」所能得到的，會比在場上獲得自信、榮耀還來得少嗎？只要大家是認真的，我相信不管結果是成與敗都是很好的學習。

今年帶的班級表示想參加二十人二十一腳比賽，我曾建議他們參加比較不容易受傷的踢毽子項目，它比較冷門，相對來說比較容易獲得名次。分析完兩種比賽的利弊之後，我讓他們自己投票決定。但老實說，我心裡其實是希望他們選擇容易跌倒、受傷的競賽。

為了不影響他們，我離開教室，讓他們自己決定。再回到教室時，看到黑板上寫著：二十人二十一腳！我很興奮，他們做了相對困難的決定，但我沒有表現出來，因為從下了決定開始，我得成為那個在操場罵人、眼睜睜看著他們跌倒也要疾言厲色的人。

我們決定參加時距離比賽差不多剩下一個半月，而且比賽前兩天就是月考，意思是比賽前那個禮拜我們幾乎沒有時間可以練習。為此，我找了體育、童軍、

▲二十顆心綁成的二十一隻腳，只有一個方向。

健康等課程的老師討論、借用時間，還規定他們每天第二節下課（十五分鐘）、第五節下課，必須跟同學綁著腳一起散步，熟悉腳綁著腳走路的感覺；同時要求大家進入最後兩個禮拜前不准二十個人綁在一起，只要不斷跑步，熟悉相互牽絆的感覺。

這個比賽跟跳繩雖然不一樣，但一樣得經歷受傷、爭執跟練習瓶頸，而第一個瓶頸是跨過十一秒，這是某國中的成績，這十一秒原本對他們來說是巨大的障礙，但沒想到他們輕易就跨過了，因此很快來到第二個關卡：八秒——這是去年本校參加班級的成績，當時他們差一點點進入八強，也差一點點獲頒獎狀。上個禮拜好不容易越過九秒，來到八秒的領域，這禮拜又被打回原形，加上有人摔倒、受傷……，於是一切努力看似白費了，不但表現退步還有人掛彩，走進教室便看到一堆人垂頭喪氣。

不過我卻樂見他們這樣，垂頭喪氣就是沒有白費

▲我們會跌倒，站起來；會受傷，痊癒，繼續往前。

力氣的證明，代表他們「在意」，難能可貴的是一連串的意外並沒有讓他們吵成一團。我曾經跟他們說：「我不會在比完賽後安慰你們，說你們很棒、很厲害、盡力了，這樣很愚蠢，我們現在還有時間讓我們不會遺憾，為什麼不好好利用這些時間讓我們不會遺憾？讓我不用在比完賽時講那些愚蠢的話？我希望比完賽我們不用安慰彼此，因為我們已經盡心盡力，完成最好的我們。如果可以如此，輸贏，就不是我們需要在意的。」

我知道這樣的浪漫一點也不實際，但我就是有這種無可救藥的男人的浪漫。我當然希望孩子的努力可以換來超額比序積分，但那不是誰可以決定的；我也不喜歡賽前先透過精準的評估決定參賽與否，不然我們的勝率一直不高，是不是就沒有參賽資格？——究竟是老師決定孩子要不要參賽，還是孩子決定自己要不要挑戰自己？

為了這一天，我們跌倒再站起來，跌倒又站起來，有人摔破皮，也有人被繩索綑傷了腳，但沒有人打算退縮，每天在大太陽底下，預備，一二一二一二……，為了短短的四十公尺，就為了準備這四十公尺，他們跑了不下十萬公尺。但兩千五百倍的熱身卻因為有人忘記帶繩子而出現緊張，在裁判催促之下慌了手腳，在槍響之後的第四秒便跌成一團。第二次上場時看得出來他們有所保留，不是擔心跌倒，而是擔心沒完成比賽就沒有秒數，也就沒有成績。

老實說，之後整整兩個禮拜，我找不到任何安慰他們的藉口，甚至不想面對他們。

讓學生參加比賽只是為了「增加經驗」嗎？我迷惘，同時徬徨了，整整兩個禮拜找不到一個適切的理由說服自己，說服自己我們的準備並沒有白費，然後冠冕堂皇以「我們得到了經驗」之類的話來安慰學生——還記得當時跌倒再爬起來時，有學生哭了，我知道她很不甘願，我很不捨。

最後，我選擇當著大家的面承認我們的失敗：

「跌倒，從來不是要讓我們退縮；失敗，也不是為了讓下一次更好。失敗，就是失敗，而真正的失敗，我們必須學著面對。」

我想回學校義剪

3月 WEEK 2

米包從國中時代就很喜歡手作，對「美」有自己的堅持，國三的時候班上好不容易設計出一款班服，她怎麼也不願意接受，為了成就這件班服，我到她家找她，跟她溝通，經過一番討論後，她終於首肯，「好啦，不過我還是覺得顏色很醜。」

國中畢業後她到處學藝，等到有了一組自己的刀具，她歡天喜地打電話給我：「老師，我可以到學校幫你剪頭髮嗎？」

老實說，我當下直覺不妙，但還是同意她來剪頭髮。

「你喜歡喝什麼？我順便帶去。」

聽到她要帶飲料來，我更是冷汗直流。

不過她第一次剪髮的對象不是只有我，還有建峻老師，他也義不容辭把頭「捐」

了出來。身為二水人，他對家鄉的學子、學弟妹有一種人文情愫的關懷。

我們找了一間沒有人使用的教室，拉出椅子，披上報紙，她很仔細、很專注地先用噴霧器噴水，左邊右邊、上面下面，深怕遺漏哪個地方。她戴著一副塑膠框大眼鏡，從刻意的打扮可以看出她把自己當成「設計師」了，我很喜歡她此刻的眼神、動作，雖然還是國中生般的臉龐，但我可以感受到她被附身了，被透過窗戶的一派陽光。

「要開始囉！」她俐落地夾了兩下剪刀，我沒有回答，臣服地點點頭。剪頭髮的時候，她歷數自己一路走來的艱辛，「別人都出去玩，但我都把週末留給自己，這是很難受的事情，我也想逛街，但我更想成為設計師。」她這樣說。

聽著她說話，我只負責點頭，或許是我講過太多話了，能聽她說說自己的事覺得特別輕鬆，雖然我已不能完全記得她說了些什麼，但我清楚記得我很享受整個過程，享受著一種無可名狀的幸福——我的學生幫我剪頭髮。

▲宜楓（右三）、雅仙（右一）帶著夥伴回母校義剪與分享職場故事。

剪完頭髮之後，她跟我們道謝：「謝謝你們讓我剪頭髮，這是我第一次幫人家剪頭髮。」她很滿意地離開，帶著我們能給她的經驗。

隔天，很多學生、同事都問我跟建峻：「怎麼了？剪成這樣？」有的甚至是摀著嘴巴問的，我覺得建峻很了不起，他竟然不以為忤。

那我呢？我當然也不會覺得如何了，她可是我的學生呢！

不過幾個跟我比較親近的學生說得可直了：「好像被狗啃的。」聽到他們這麼說，我故意挺起胸膛，嚴肅地說：「如果一個男人把他的頭獻出來，讓一個夢想成為設計師的人當墊腳石，你們覺得好笑的話，就盡情地笑吧！」

我這麼一說完他們都瞠目結舌，一句話也說不出來，而且再也沒有人評論我的髮型了。我對於能頂著這樣的頭——設計師養成過程的第一顆墊腳石——而感到驕傲。因此，當米包再打電話給我說她想回學校義剪時，我非常雀躍，這時她已經是連鎖髮廊的設計師，「老師，雅仙也會回去喔，她也是設計師了。」米包神祕地說。

這個消息沒有讓我很吃驚，但我很感欣慰，我一直知道這兩人一路走來的顛簸。

當天，很多學生排隊等著義剪，我很認真在隊伍後面盯著她們的一舉一動，忍不住讚嘆：「才三、四年！」

後來又安排一場座談，讓學弟妹們可以向義剪團隊提問相關問題。記得有位男設計師這麼說：「技術要比別人好就要犧牲假日，人家在玩，你就要多花時間練習，而且男生的手不比女生巧，過程中會不斷有人勸你放棄。因此，真的要有堅定的心。」

而米包說：「你不可能只吃同一道菜，除非那一道菜很美味，所以要經常花時間進修，讓自己更有市場價值。」

雅仙最經典的說法是：「客人滿意，就是最大的成就。」

我在台下聆聽，聽的不只是她們的見解，同時也聆聽她們的成長過程。今天講台上的她們真是讓我欽佩。

看到雅仙時我同樣很開心，不過又多了一點點不同。我還記得她國中畢業回來找我，當時我看到那雙手，心疼地問：「辛苦嗎？」她果決又堅忍地說：「不會，我要當設計師！」

如今雖已是腰際小袋子裝滿了剪刀、梳子的設計師，還是印象中那頭俐落的短髮，只是多了設計師該有的髮色、自信。看她不時斜著頭仔細端倪、調整姿勢或重新打量被剪者的樣子，不知道為什麼，有一種滿足感湧上來。

嘿！我真的不知道怎麼形容這種開心，她一轉眼已經二十二歲，是一個獨立的大女孩了。

座談會結束後，她說要等我下課，幫我剪頭髮。等了一節課之後，我們在空蕩蕩

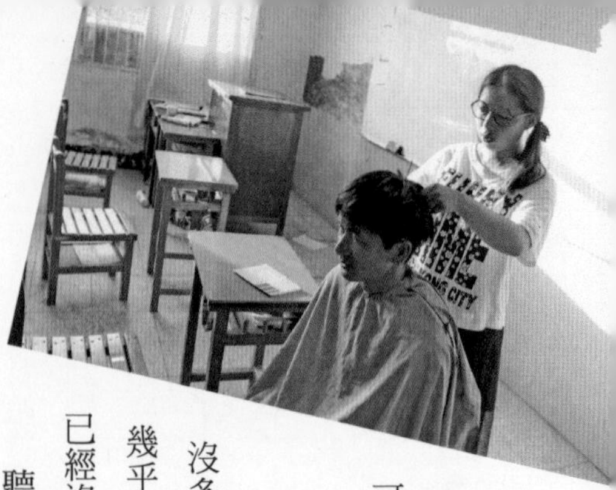

的球場剪頭髮，我可以感覺到她的指尖在頭頂上遊走，溫和而親切，也可以感覺到剪刀在頭上比畫，俐落又毫不遲疑。

「媽媽最近好嗎？」我問。

「去世了。」她說得雲淡風輕，好像已經是很久遠的事情，「國中畢業沒多久就去世了，姐姐在那時候消失一陣子，所以我得照顧爸爸，賺來的錢幾乎都直接交給安養院，連看電影的錢都沒有。後來爸爸也過世，我在二水已經沒有親人了。」

聽到她這麼說，我驚愕得不知道該說些什麼，信口安慰的話好像也不管用，因為她早已獨自承受這一切，也已經看淡這一切，但我可以感覺到她說「已經沒有親人」的失落，更可以感覺到她故意把剪髮的速度放慢，在即將結束的時候。

「妳是不是故意拖時間啊？」我笑笑地問。

「對啊，你怎麼知道？」她還拿著剪刀一本正經。

「感覺得到。」我稍微沉吟一下，「沒關係，該結束就讓它結束，又不是不會再見面了。」

此時斜陽似乎刻意釋放所有能量，要把所有的光芒撒在操場，我從球場看過去，一片耀眼的金黃。

▲即使畢業了，空的教室依然有夢想的墊腳石在守候著。

整個世界都是我們的教室

3月
WEEK 3

我一直堅信：「城鄉之間不存在著差距，存在著差異。」教室之外都是我們的教具，都是我們的教室，「知識」來自生活，只要仔細觀察，生活中到處是知識，即使它們並非有系統地被書寫，甚至被歸納成公式。少了對生活的體察，知識不過是冰冷的資料。當我們將生活變成資料，變成文字或符號，多元而豐富的感知將離我們遠去，漸漸地鵝和雞只能在圖片上指認。再擬真的VR（虛擬實境）也比不上真正一杯咖啡，所以我完全服膺杜威先生說的「教育即生活」。

文化是生活的總和，沒有人，文化也就跟著消失，反過來說，老建築、老事物雖然不一定是美好的，但哪天等我們回頭看卻沒有共同的回

▲城鄉之間的差異，我們的後山教室。

憶，文化便沒有了根。以文化為基石，才有共同的未來，對土地也才有感情，土地餵養文化，不該只承載精美的農舍。

我對黃春明、劉克襄、吳晟、吳念真、李安、魏德聖、紙風車等，做同樣事情、有同樣理念的人深感佩服，台灣以後若能留下些什麼根，就是因為有這一類人努力替台灣留下火種，這個文化的火種如果輕易讓它熄滅，飄飄何所似的台灣就失去重心。

二水是集集小火車的起點，曾經因為阿里山林業而風光一時，鄉內有過兩家戲院，一到晚上也是車水馬龍；貫穿全鄉的八堡圳是彰化母親河，灌溉了彰化平原；更是已故副總統謝東閔的故鄉，其故居保留相當完整；火車站前的街道樸實無華，仍有古味；尚有香甜飽滿的白柚、芭樂等農特產品……。若能妥善結合，文章俯拾即是，處處是範文。

八堡圳每天不停往台灣海峽方向奔流，學生每天經過她，卻不知道和她的關聯，好像兩條平行的鐵軌，即使生活在一起卻從來沒有打過招呼，也不知道怎麼溝通，彼此沒有交點。因此洪醒夫的〈紙船印象〉就成了一座很好的橋樑，當我宣布明天的作業是一艘紙船時，學生都非常開心，這份作業不但不需要催促，還有人會「多」做作業，甚至有個學生折了一艘超級大的船，號稱「王船」，說願意載同學們一程。

一到水圳，學生都興奮不已，期待自己的紙船下水，也期待自己的紙船可以如同課文所寫的一樣，若發生與課文不同的情況，那便是額外的驚喜。一次次不同的驚喜在田間交織著的同時，一分與土地的關聯也正在產生，同時衍生對土地的想像，鄉土的溫度便不再是一道平行的光，而是一條可以帶著遠行的毛毯。

記得有次上課上到〈山與海的賦格曲〉，課文描述了無人月台的情況，而這種「無人月台」的小站遠的不說，學校下的源泉火車站便是了，於是我便興起「何不搭乘火車到另一處無人月台上一堂課」的念頭。

當學生知道要搭火車去上課之後，課前的主動預習、準備自然不在話下。我很喜歡他們趴在火車的透明玻璃上觀賞四周田疇的樣子，也喜歡大家閒步在綠色隧道的歡樂。就在我們在綠色隧道的涼亭上課時，一列往車埕方向的火車駛過，那時所有人的目光都被吸引了，人人都被這奇妙的瞬間俘虜。「人在圖畫中」，剛剛我們是車廂裡的乘客，現在卻站在圖畫之外欣賞。這些多出來的「延伸閱讀」都自然而然地從瞳孔爬進回憶，即使多年後他們忘了課文寫些什麼，卻很難忘掉在車上、在涼亭看到的景致。這些在眼前被翻閱的「文章」，經過時間釀造，便是生命的一環，也是共同的記憶——對家鄉的記憶。

還記得出發當天下了雨，大家費事撐著傘，出發前我跟他們說：「你們有半天的時間可以在教室埋怨為什麼下雨，也可以撐起傘出發，並帶著雨天的記憶回來。」

生活樣態五花八門，在教室之外上課除了有各種不同風情的「教具」之外，還可以體驗晴雨，就算只是在樹蔭下感受到一陣拂面而過的清風，也是封閉的教室裡所得不到的無價享受。

▲城鄉之間的差異，孩子們的紙船印象。

你會來看我表演嗎？

3月

WEEK 4

「你會來看我表演嗎？」怡儒傳來一則簡訊，「我會在彰化演藝廳表演。」

上了高中之後，怡儒繼續著她對管樂的熱情，只要有表演一定會邀請我出席。不過日子跟日子常常會撞在一起，兩年下來我只出席過一次成果發表會。即使如此，只要有空，怡儒還是會到學校來指導學弟妹，把在高中學到的拿來跟大家分享：「我們彰女會強調基本動作，背要挺，腳要直……」多兩句叮嚀或是關心對學弟妹都是很受用的，因為學姐一直是大家的標竿。每當她在樂隊星期六練習的時候出現，我都會覺得很欣慰，同時充滿感謝。

我喜歡有屬於自己班級的感覺，擔任學務主任的時候常跟樂隊說：「我喜歡走進音樂教室，這間教室就像是我的班級教室，更棒的是坐下來就有音樂聽，還可以點歌。」

怡儒是當屆學校成績最優秀的學生，也是樂隊隊長，負責管理對我來說最重要的「班級」，我總是跟她說：「妳是我的右手！」她同時也是我挑選的糾察，協助管理學校的秩序，我們之間默契很好，也合作得相當愉快。

當天一走進演藝廳的時候我真的是很感動，這裡是非常正式的表演舞台，能上台的人一定都有堅強的表演實力，而演出者當中竟有一個是從我們管樂隊出來的。

我默默地撿了視野不錯的位置，打算好好看她的演出。團員一個接一個登台，我搜尋著熟悉的輪廓，或許是人太多吧，左邊沒有，後面沒有，一時之間竟然找不到她，直到大家都坐下來我才清楚看到長笛分部，但是吹長笛的人沒有一個像她。我正納悶是不是自己眼花，一聲尖銳的短笛聲突然自層層包覆中突圍而出，這一聲太過令人驚豔，讓我不得不暫停搜尋，但這聲短笛聲更讓我不得不確信自己真的眼花了，「那是怡儒嗎？」我在心裡吶喊著。

就在我吃驚的當頭，短笛聲又如燕雀在枝頭跳躍，如果我太過專注盯著牠隨時會失去牠蹤影，得把耳朵扯得直一點，視野張得開一點，才能追到牠活躍的身影，牠時而在樹梢，時而在枝幹，一不注意又靜靜地理起毛，或直挺挺地臨風顧盼。

慢慢地，我不在意最中央的那個人是不是她了，因為她的聲音正在樂曲中穿梭，自在地滑過中低音，又自信地攀上最高音，在碰到雲端之前只有鍾琴可比肩，就算閉著眼睛也能感覺到她在身邊繚繞，坐在哪個位置就不那麼重要了，此刻的她一定充滿自信，而且我知道她的自信來自何處，絕對不是因為位置在正中央，那天我真的很想大喊：「她是二水國中管樂出來的！」

彰化女中的音樂演出很精采，且穿插著戲劇演出，而劇碼便是她們的心情寫照與學習歷程：為了管樂，她們得在各科補習間擠出時間，如果家裡不支持，她們就得放棄自己最喜歡的東西來成就家長的期許，當中的落寞絕非愁字了得。

在功課與興趣之間沒有誰對誰錯，卻充滿辛酸，誠如某一段口白裡說的：「為什麼喜歡，卻不能做？」是啊，沒想到這件事情不只是在二水國中發生，連彰化女中學生的心裡也有同樣的感慨。

還記得樂隊第一年練習行進時需要多花一點時間，成員當中有部分學生是三年級，我擔心會因此耽誤他們功課，常常提醒他們：「要好好規劃時間，這樣我們才可以做喜歡做的事情。」

不過仍有其他聲音表示樂隊練習影響了學生的成績，對此我常感到矛盾與糾結，即使學生安慰我說：「你想太多了，不來管樂團我們讀書的時間也不會變多，相反地，來管樂玩，上網的時間反而變少。」

因此，下一屆有三年級學生在暑假因為功課因素要退出，我都無條件接受，我實在

揹負不起「來管樂隊導致成績掉下來」的指控，也不希望為了管樂比賽影響孩子未來的選擇權利。那一年三年級退出大半，元氣大傷，連士氣也大受影響，很多學生都想不透我為什麼同意他們退出——即使我們的練習只到十月十日。

某天正在練習的時候，有位同仁走近，他說：「為了練這個，學生功課一直退步，也沒心思在課業上，如果能得到名次，有了超額比序積分還說得過去，如果什麼都沒有，真的很可惜，也枉費你花這麼多時間。」

這樣的話其實也算是善意提醒，但我當時實在忍不住，回嗆說：「所謂的『功課一直退步』的證據是什麼？今年剛好可以做個比較，退出的跟留下來的對比，如果留下的人成績掉下來而離開的人成績變好，那是我不對，確實不該留他們下來。如果沒有呢？再說回來，留在樂隊成績變差需要檢討，

▲在舞台中央，是二水國中管樂隊的驕傲。

留在教室功課沒有變好要不要順便檢討一下？」

「沒有啦，很多人覺得他們不該浪費時間。」

「『很多人』是指哪些人？我每天在校門口跟等樂隊練習結束的家長聊天，沒有一個人跟我說他覺得孩子在浪費時間，他們等候的時候都和顏悅色，也都很高興看到孩子這麼投入、這麼認真。『很多人』是指哪些人？如果孩子、家長都做了選擇，也願意為這個選擇付出代價，也許因為這樣掉了一個志願，高中掉了一個志願，他之後就會因此考不上大學嗎？考不上適合他程度的大學嗎？如果他們幫自己做了選擇，所謂的『很多人』是覺得有什麼不妥？」

看了怡儒的演出，我不只替她高興，也為找到問題的答案感到欣慰。

4/ 四月，莫忘初衷

過去和未來之間有個點
有一天它會發芽、茁壯、參天
途經或緬懷都可以坐下來乘涼
插上 USB
回溯或更新

清明時期紛紛的雨

4月

WEEK 1

所有的傳統節慶裡，我最喜歡清明節，它最有意義。

有了收入的第一年，我就自告奮勇跟母親表示：「掃墓的水果我準備就好。」結果帶去的香蕉、鳳梨全都不行，族人看到我拿這兩樣水果來都沉著臉，他們說：「蕉、李、梨，都不行。」（按：諧音「招你來」，得避諱。）

帶去的水果雖然派不上用場，但帶著沉甸甸的東西掃墓，來找很久沒見面的親人聚聚，不管是除草、燒紙錢、拿香禱祝，或是大家一起在這塊小小的地方吃著祭品、閒聊都很棒。祂們跟其他神祇不一樣，祂們是自己的親人，吐吐苦水或分享喜悅都很自在，有些東西唯有「當下」才會真實，跟祂們相處的時光雖然沒有辦法延續，可是回憶卻沒有消失，正好可在清明時節溫習。

因為有過去，才有現在，也才有未來。掃墓不只是「飲水思源」，更是「莫忘初衷」，忘了過去怎麼會有未來？所以兒子阿牛未滿週歲我便帶他去掃墓，親戚朋友見狀忙叫我帶他回去，說他還小不要來，如果看到了「什麼」晚上會睡不好。我很感謝大家的提醒，小嬰兒還不會說話，生理或心理怎麼了就本能地用哭來表達，父母只能窮著急，看到孩子哭都難免心疼。

不過正因為這種心疼，我更是要帶小孩來掃墓。長輩親人都曾對繈褓中的我呵護得無微不至，既然如此，我相信阿嬤一定會想看看阿牛，她沒機會參加我的婚禮，也沒能跟我一起在產房外等待，所以我要把她未曾謀面的曾孫帶來。等兒子長大，我也會跟他說說坪林老家的故事，讓他跟我的過去接軌，那些他不及參與的過去也是他生命中很重要的成分。

我在就讀大學期間一直希望回國小母校——坪林分校教書，哪怕一天或一堂課都好，因此當我拿到畢業證書回到老家的第一件事情就是回去學校看看。看到小時候活動、打躲避球的空地雖然尚未淪為荒煙蔓草，卻也失去了腳印跟生機；看到教室還在，但沒有學生奔跑、吵鬧，靜得極端異常。我把走廊上的水龍頭拴緊，在窗外看了好一會兒，拿定主意之後便找地方爬了進去，教室裡課桌椅歪歪斜斜，不成行也不成列，好像臨走那一刻十分倉皇。

我輕撫走過的每一張桌子，桌面掀起了細屑，刮著滑過的指尖。板溝上的粉筆灰之上覆蓋著一層灰塵，上面有一截尚未風化的粉筆，我把它拿起來謹慎寫上自己的名字，寫上名字的同時好像聽到後面有學生喧騰。我一直希望自己可以站在這裡，像以前在這裡上課的老師，像以前在這裡幫我們上課的老師，可是當我回過身來，所有的喧騰都躲進了斑駁的油漆下，空盪盪卻裝滿著遺憾。

現在我有自己的講台，有專屬的教室，我總是獨自在班上批改聯絡簿、作業，順便上網點一首那時候的歌，旋律在寂然的教室迴繞，手雖然不住批閱作業，腦袋卻浮現不同畫面：一條長廊、一抹陽光、格子狀的木框窗戶，老師的絮絮叨叨隨著粉筆灰飄散，被風帶到綠綠的操場躺在籃球架下，我們可能剛打完球，或者正準備說些什麼荒唐……。而在音樂戛然而止的瞬間，畫面也跟著停格，我得觸碰一下螢幕，快轉，也倒帶，再與過去連接，「莫忘初衷」。

屬於二水人的音樂會

4月 WEEK 2

曾經，管樂隊學生總跟我抱怨說樂譜是無法默背起來的，為了證明樂譜可以默背，還能邊走邊吹奏，我帶著他們去嘉義看「國際管樂節」踩街表演，之後學生問我：「要怎樣做才可以像他們一樣帥？」我笑了笑，沒有回答，我想他們應該比我清楚答案。

那天之後，學生變得很勤於練習，那一屆的學生一直希望有機會可以出去踩街，但室內管樂團光是要適應沒有譜架就是一大挑戰。他們先是把樂譜偷偷貼在同學的背上，從一首歌，到三首、五首，但時間太短，他們就要畢業了，為了成全他們的踩街夢，我讓這一屆的樂隊在校慶運動會的時候行進入場。要知道室內團隊轉成行進演奏是很困難的，嘴巴撞到樂器、音調吹不準、無法兼顧腳步整齊……，想順利演奏絕不是易事。校慶前幾天的下午他們自動留校，即使天黑了，仍舊願意繼續練習，只為了圓自己的踩

街夢。當他們在運動場上一次又一次的練習，當四周的光線漸漸模糊，而地上的腳印愈來愈清晰時，他們在夕陽下的背影被我剪了下來，我妥妥貼貼地摺好，放進口袋。

校慶運動會當天，樂隊仍是走得「阿里不達」，有人覺得我們亂搞，在正式的場合那般的進場的確不成樣子，但這個活動究竟是屬於孩子的，還是大人的？對他們來說，勇敢踏出夢想的開端並非亂搞，而是一場夢的實現。能見證到孩子的勇敢，大人們應該覺得幸福。

但是有了這次經驗，下一屆的樂隊想踩街就簡單些了，此時他們確實可以不用譜架，真的可以走出去，學長姐們已經做給他們看了，難就難在要實行封街管制。當我在苦惱這些瑣碎的事情時，正好碰到李盈賢牧師，我突然靈光乍現，問他：「要不要弄個復活節嘉年華會？你封街，我把學生帶出來。」

牧師斜著頭想了一下，我以為他不以為然，沒想到牧師一口答應。「二〇一四二八水箴情音樂季」於焉誕生，我跟

▲踩街之夢，以二水人的共同記憶為舞台。

牧師說：「如果三十年之後二水還有踩街，我們就像是在車庫的兩個小夥子，創造了這一切。」

很可惜，沒能來得及帶上一屆的學生出來踩街，但我永遠記得他們為了讓二水國中的樂隊學會行進演奏的精神，是他們帶著二水國中的樂隊走出校門口、走上街頭。

有學長姐向我抗議：「為什麼學弟妹可以上街？」

「那得感謝你們這些學長姐啊，沒有你們在運動會那次的嘗試，當他們的巨人肩膀，他們走不出來。」我誠摯地對他們說。

那一次，我們把二水街吵醒，帶著校旗、布條，從二水人共同的記憶——火車站出發。我們以二水人共同的歷史為舞台，從車站走到鄉公所，沿途圍觀的人都覺得讚，不斷地說：「幾十年沒有這麼熱鬧了。」

這時候學生每個人都雄赳赳氣昂昂的，完全不用旁人叮嚀就知道自己該做什麼。我特別喜愛去看孩子從家長、親人面前走過的時刻，他們會這麼評點：「你看，阮刀ㄟ阿慈

▲讓我們的音樂鑽進門窗，即便現場只有一個聽眾。

捏！」這些話會鑽進孩子的耳朵，即使吹得滿頭大汗也不會喊累，因為這是他值得驕傲的一天。所以，我是真心喜歡帶孩子上街，帶他們見見世面，也帶他們去享受成果。

第二年和李盈賢牧師再次奏響「箴情音樂季」，「踩完街之後我們把樂隊拉到火車站旁的草地，來一場草地音樂會，如何？」聽完我的建議，牧師也興致高昂。雖然最後我們沒能在草地上辦成活動，卻在隔壁的小公園炒熱氣氛。音樂會開始前曾有社區民眾憂慮地跟我說：「這裡暗濛濛，甘看有？」

「你無感覺阿捏卡有氣氛嗎？」我反問他。

結果愈到晚上聚集的人愈多，昏黃的燈光果然成了朦朧的浪漫，帶給二水鄉民一個充滿音符的夜晚。文化、音樂可以改變人心，真希望這樣的活動可以延續下去，更希望二水國中管樂可以成為二水的圖騰之一。

我們小，卻有很大的能量！

平常我們都請午餐餐車來運送樂器，今天則是家長情義相挺，開貨車出來幫忙運送。等樂器全部安置妥當之後，我們不急著離開，所有人一起看著市區的夜景，也許日後我們會用不同的心情回味這一段過程，但今晚的星空、晚風已經融入我的身體裡，好像一床棉被還有溫暖，在冬天，被太陽晒過。

台灣之福

4月 WEEK 3

急急忙忙上完早上的三堂課，臨走前還得再交代清楚作業，叮嚀那個誰誰誰要安分、誰誰誰要乖一點……老師都這樣，總是不放心，彷彿多一點碎唸就多一分保佑。

台北華山一連三天的「DREAM Hi 未來教育概念展」將有二十四個老師的故事輪番上演，而第一天下午登場的是偏鄉老師，我很榮幸被關懷台灣文教基金會邀請來參與。只要是討論偏鄉教育，只要是我可以出一點點力，在不影響學生受教權益的情況下，我都會參與。這次我幾乎是壓線時間抵達，很高興可以認識「善耕」系列其他熱血教師，每個人都很有特色，聊起來很融洽，特別是鹿鳴國中的楊志朗老師（今起我可以喊他學長了），我一直很景仰他為學生所做的一切，卻沒想到我們說話這麼投機。

進門前有個女老師拉住我，開心地對我說她看過我之前寫的書——《孩子，我和你

們同一國》，想跟我拍張合照。我當然很開心能碰到讀者，而且她還是熱血的老師呢！一轉眼才發現她手上拄著拐杖，看來視力非常非常不好，我那時吃了一驚，心中突然有點……，不知道該怎麼說，一個連走路都費勁的老師竟然也是「善耕」精選的熱血教師，可見她一定十分突出。我沒有繼續想下去，但我可以肯定在教師這個圈子裡有太多值得學習的對象。

進了會場後我坐在最前面，隔著走道赫然就是張善政院長，電視上的他看起來很親切，近距離看更是如此。在關懷台灣文教基金會董事長李濤先生的 edu talk 期間他都聚精會神，而且讚揚李濤對偏鄉教育的著墨。李濤先生也正是如此，以他的影響力關心台灣教育，深入台灣的角落發掘教育的更多可能性。他當天慷慨激昂，生動的演說吸引眾人目光，一席「如果讓老師士氣繼續低落，那是國安危機……我私下了解，十個老師有七個不到屆齡，能退休就想退休了，整個社會讓他們心灰意冷，在這種情況之下，是不是要把老師的士氣鼓舞起來……」的談話最振奮人心，而他近年所做的事正是為了激勵老師的士氣，他不僅拍攝一系列「熱血老師」短片，更運用自己的資源，想辦法讓好老師被看見，希望產生正面效應，讓老師的社會價值再次受到肯定。

▲熱血教師們「華山」論劍。

李濤精采的演說一結束，院長也離開了，原以為這場論壇就這樣結束，沒想到緊接著還有一場座談，熱血教師們排排坐跟台下聽眾對談。

楊志朗老師強調閱讀的重要，他幾乎是用自己的生命來推動閱讀，甚至曾因為太積極推動親子閱讀慘遭家長施暴。曾明騰老師注重創意，他的課堂創意源源不絕，曾以一身蝙蝠俠裝扮上課深受學生喜愛。入場前遇見的徐薇雅是推廣閱讀老師，雖然視力不好，仍用心帶領孩子閱讀，我想她的閱讀不是依靠眼睛，而是雙腳。吳鴻滄老師在偏鄉推行美術教育，做得非常深入，孩子畫出的線條充滿美感，也充滿驚喜。呂家賢老師在部落帶著孩子成長，勇於接受挑戰，只要是為孩子好，總是義不容辭。李沛鴻老師則有活潑的英文教學，用活潑的教學法翻轉偏鄉孩子的英文。王嘉納老師精於木工，協助孩子在這個場域裡找到自己，為了幫孩子辦展，費盡千辛萬苦。

▲由右至左分別是：楊志朗老師、李濤先生、曾明騰老師與我。

這些老師個個都是為求目的不擇手段的「凶狠」腳色，聽他們分享真的會熱血澎湃，他們讓我想到我的國小老師——黃玉霜老師。

我來自偏鄉，國小時有一半的同學必須走一小時路程才會到學校，如果下大雨，我們幾乎是停課狀態，尤其是星期天晚上下雨直到星期一的情況，不只有一半的同學沒辦法來，老師也上不了山，像我這種住得離學校近一點的人都已經習慣這樣的日子就是玩，等下課，等放學。

有一天，同樣下著大雨的星期一，我們在教室玩得很開心，只有在主任巡堂的時候才會安靜下來，沒想到八點多時竟然有人在門外敲門，那人全身溼答答，看起來很像是老師，但更像鬼魅似的，大家看到她出現在門口都目瞪口呆，更可怕的是她接下來說：「等我一下，我換好衣服就來上課。」

她說完就去換衣服了，不管我們在後面慘叫，也不管一半的學生上不到進度，換好衣服便昂揚站在講台，「上課！」我記得她這麼宣示。

雖然那時還有同學不死心地請老師要以身體為重，不要如此操勞，但我們大多數人心裡全都認同老師，覺得很溫暖。

所以我能體會在座這些老師的用心，同時也能了解孩子對這些老師們的感受。

教育概念展結束後，大夥承李濤美意一起聚餐，席間大家聊得更盡興，在場的不是來自偏鄉就是熱血教師，他們不是曾面對挑戰就是正在面對艱困，可以說是認真投入在自己工作上的生命鬥士。對這些人來說，上下課不是「工作」，而是「生活」。其中家賢老師來自高雄，去花蓮服替代役，分發到基隆，自願請調到信義鄉的部落，他在座談時談到的理念我深表認同，包括保留部落文化（亦即特色），不要偏廢任何一所小學校，他很努力堅持自己所堅持的。

第一個離席的是嘉納老師，他還得回花蓮！他用專長——木工，改變學生，他認為有些學生因為家庭關係，坐在教室裡等於浪費時間，應該學習德國提早讓學生分流。所以他拿著砂紙，慢慢磨，慢慢磨，把學生磨得光滑，上蠟之後便可以上台。同樣的材料，透過木工的創意、巧思、手藝，就是作品，把他們晾著不管是他不忍見的，但他只有一雙手，很多作品等著他完成，所以他得趕車回去，回到他的木工廠。

薇雅老師來自宜蘭蘇澳，她一直熱情邀請大家去泡冷泉，想來她是泡著冷泉長大，可卻是滿腔熱血。她是現場唯一的巾幗英雄，拄著拐杖，拄著漸漸離她而去的視力，卻依然傲立於杏壇，想盡辦法讓孩子走進她的圖書館，帶著她給的，或者孩子自己發現的精采。我相信薇雅老師一定捨不得退休，而且我相信，退休後的她一定還是拄著拐杖，以蘇澳的冷泉洗滌人心，再用她溫熱的心意烘手，直到身子暖了。

這些老師都很客氣，做得多的老師總像飽滿的稻穗，愈扎實便愈謙虛。說真的，能跟這麼一群人同列，自己都感到心虛了。

從台北離開時，志朗學長邀我一起搭高鐵，明騰老師也順路一道。我們在高鐵上繼續交流：明騰老師是員林國中著名的蝙蝠俠老師，他不單單是學校老師，還教人理財，經常受企業界邀請演講，是一個很敢創新，不會墨守成規的老師，深受學生喜愛，他強調創意才是下一個世代賺錢的產業，所以課堂上瀰漫著這個教學成果。

而志朗學長則是彰化縣一百年 SUPER 教師獎首獎，當年他一上台就說：「來參加這個獎是因為有錢領。」我那時就覺得這個人還滿帥的，後來他又得了師鐸獎，出了書，我才知道他很用力推廣閱讀，而且已經投資了好幾十萬！他分享說他逼著家長一起閱讀時，搞到被家長揍仍不改其志，他坐在我旁邊陳述當年那一拳，哇！好近喔！讓人印象深刻。

志朗老師瘦瘦的，打扮就是牛仔褲搭襯衫，揹著雙肩背包，走路很快，說話也很快，一晃眼就在教育界十七、八年，他撒下去的銅板都變成了台灣的沃壤，再加上他細心澆水、除草，不僅孕育了彰化的下一代，更醞釀了台灣的下一代。

台灣還有更多像這樣的老師，他們是台灣之福，台灣需要這樣的老師，台灣也需要尊敬這樣的老師。

起立、敬禮、謝——謝——老——師。

4月
WEEK 4

我要頑固地飛上天

說好的火箭營終於要上路了。這是去年環島募文具時路過竹北敲定的，那天我在咖啡館分享活動結束之後，君豪（二水國中校友）來找我，聊到他的老闆（研究所指導教授，也是流行樂團五月天〈頑固〉MV的故事主角）在做火箭，我一聽眼睛馬上亮了起來，問他：「要不要帶幾支火箭回來跟學弟妹分享？」他二話不說馬上答應。此時我像個期待登上月球的孩子，聽著他說自己跟火箭的種種，他們的火箭雖然還比不上美國休士頓火箭中心的等級，但他們正朝著這個方向前進，聽著聽著我彷彿穿上了太空裝，跟他一起飄盪在浩瀚的太陽系中。

他說可以從實驗室帶幾支會噴火的火箭回來，一聽到可以噴火，我就更興奮，接著問：「可以帶兩、三支嗎？」他表示一支要籌備兩個禮拜（東拼西湊），「我知道，但做一支跟做三支應該差不多時間吧？而且零件——」我語帶神祕地看著他，「研究室應該有吧。」

他說做壞的必須回收，材料兜一兜是可以，不過需要時間（言下之意是要做壞很多火箭，哈）。就這樣，他答應我會帶兩支火箭回來二水，我請他另一支不用組裝，就讓學弟妹們看看樣子，有機會還可以拆拆看，他又點點頭。

重點敲定了，我問他需不需要講師費，他不好意思地說：「不用。」

「也對，我們的交情說到錢就膚淺了。」我說，「不然火車票我出好了。」

聽到火車票，他馬上說：「好啊！高鐵票更好。」

「那有什麼問題！不過我只付你回新竹的車錢，反正你會回家嘛，就挑你回家的時間來跟學弟妹聊聊。」我開玩笑地說。

我跟他以前常一起打球，一起對抗強敵，也一起在腳踏車步道撿過垃圾。轉瞬間，他都可以被我「凹」回來講火箭了，而且帶回來的火箭比原先預期的還多——兩個人組一支火箭！雖然火箭的火力不足以將操場燒成一片焦土，也夠令人期待的。

問他需要準備什麼東西時，我還耍憨地問他：「需要打火機嗎？」（點引信總要火吧？）他說：「老師，我會準備發射器。」

從說好到現在已經快一年了，我從沒催促他，也沒問過他什麼時候可以前來分享，課程內容則只討論過兩次：一、詢問需要準備什麼工具？二、敲定大概流程（半小時講解，一小時組裝，一小時發射），所以我不知道火箭長成什麼樣，只知道他應該不會搞砸——打籃球時，他是堅強的夥伴，我們不會因為碰到強敵而退縮，也不會因為輸球而氣餒。有次遇到兩個又高又壯的對手，他那時才二年級，我們在禁區很吃虧，卻都沒打算放棄籃板球，拚命卡位，搶到腳都快抽筋了，最終我們贏得了艱困的勝利。打完球之後兩人幾乎累癱，卻有一種說不出的依存感，而那樣子的他如今已經是堅持夢想的火箭人了。

我很單純地希望孩子們有機會接觸高科技的東西，開開視野，不要把台灣的天花板想得太低，同時認識學長，見賢思齊。我也喜歡他的老闆（吳宗信教授）的理念，他原本可以留在美國（TEDxTaipei 有他的演講，可參看），但他想為台灣發展火箭，於是毅然決然離開舒適圈。也許追求夢想本身有時看似愚蠢，但少了追夢的過程，人生是不是乏味了許多，空洞了許多？

君豪在組裝前先跟大家介紹自己的研究內容以及團隊，從播放的影片可以看出他們從二〇〇六年開始，一次次失敗，一次次重新來過，區區影片沒有辦法將每次重新來過的點點滴滴全部記錄下來，但我可以深刻感受到每次墜毀、失敗的挫折，因此當看到他們第一次點火成功而雀躍時，我也幾乎要跟著吶喊了，這樣的喜悅可是經過成千上萬

次的挫折才有辦法綻放的啊！

影片最後，他們將推進器安裝好，在一片靜默準備衝上天際，我也跟著屏息以待，心中不由自主暗自祈禱，同時跟著倒數：「十、九、八……三、二、一」，毫無意外地，火箭升空了，我沒有注意影片中的人是如何手舞足蹈，如何忘情擁抱，因為我跟著火箭飛出地球了。雖然還沒辦法進入軌道，還有很大空間可以進步，但我相信那一天絕對不是夢，就如五月天的ＭＶ。

當然，我並非身在外太空，我的人也在教室，我倚在布告欄望著君豪，也看著學弟妹們仰望自己的學長，此時的確有種莫名的幸福，彷彿可以同時不受空間限制身在地球之外，穿越時空看到十年光景，更可以處於當下，在這樣的三度空間之內，我好像被抽離了，身處於虛幻的真實之中。

火箭團隊的成員之一就站在講台，講台與台下的

▲「頑固」的火箭營。

距離並非如太空般遙遠，夢想彷彿觸手可及。今天他們用厚紙板挑戰地心引力，用西卡紙擘劃自己的想像，從裁剪、拼裝、黏貼、填裝火藥，到火箭真的成形……，過程一點也不夢幻，卻也不真實。

▲豔陽下，我們要飛上天空。

經過一個多小時，每一組學生手上都有一支火箭，他們幾乎是用跳的來到操場，每個人都把自己的發射器抓在手上，既躍躍欲試，又擔心自己就是隕落的那一個，我真喜歡大家這樣的表情，抓住夢想的手心就該冒些冷汗。

有學生的火箭射飛超過十層樓高，引起一片歡呼，當然也有一陣煙硝之後引火自燃的，不管是以什麼樣的型態升空或隕落，大家都擁有一支自己的火箭，都擁有跟天空對話的機會。當所有人一起引頸企盼，抬頭望向同一片藍天，也許心懷的是不一樣的憧憬，有人以二水人的角色自居，有人以家長的身分看待，有人以台灣人的觀點出發，不管是哪一種，都在期望著自己的火箭可以令人驕傲。

君豪，謝謝你，謝謝你把我們的紙飛機變成火箭，讓操場上燒出的焦黑炙熱、滾燙又沸騰。

5/ 五月，教育的邊界

化好妝、穿好戲服
也許可以彌補或掩飾
在舞台燈光照耀之下
生旦淨末丑
全都認分背完劇本
剛開始是生疏了些
但，會有那麼一天的
翅膀和風
邂逅

安全與冒險的對話

5月 / WEEK 1

「船被建造出來的目的不是為了停泊在港口。」

我喜歡看著人家追夢，追逐夢想是人生最浪漫的事。二〇一四年，二水國中有一個英文教師缺，行政也有小撇風，原以為會來偏鄉報到的一定是介聘排序較後的男老師，沒想到竟然來了第二順位的女老師。在她報到之前學校已經虛位以待，對她來說，這是好不容易考上的教職，一定既期待又興奮，只是當我看到她頭戴草帽、身著長裙從斜坡走上來，一副輕鬆自若且信心滿滿的樣子，我（當時擔任學務主任）不禁替她擔心，因為學務處就像是維修廠，柔美的姿態在此難以生存。

不過她表現得比我想像的好，外語能力就不用多說了，多益幾乎滿分，全英文上課，而且會帶活動，加上青春無敵，很多學生都喜歡她的英文課。除此之外，多如牛毛

▲登峰造「已」，超越極限。

的行政業務她從不喊累，不會推事，還會主動幫忙，甚至常因沒趕上火車，回到家（在斗六）已經超過九點了。對第一年就接手生教兼訓育的初任教師來說，她很努力，也很稱職。

她來二水一年，第二年再投身教甄，又考上新竹市的學校，真的很不容易。在這個教師缺幾乎闕如的年代，能考上的人不是狀元就是榜眼。臨走前我跟她說了最後一次叮嚀：「妳已經證明了妳很會考試，接下來可以好好證明妳很會教書。」

她曾跟我說過想出國留學，那是她一直以來的夢想，在她跟我分享這些事的時候，我好像也走在她的夢想之道，即使我只是旁觀者，但看到夢想能被實現，真的很棒！

前些日子她請我寫推薦信，她說想再去

讀書，申請的學校除了台灣的學校也有曾經夢想的那個國家。當她拿著推薦信來請我簽名時，我也順道幫忙裝訂，在裝訂的過程她跟我分享了這次的讀書夢，我聽著聽著差點出了神。我突然覺得自己像個老媽子，推老花眼鏡的時候也偷偷瞄一眼花園中的蝴蝶。

我喜歡聽冒險故事，懷抱熱情的生命之歌總是讓人慷慨激昂。就算倒在夢想的途中，也好過順遂走在不知所以然的茫茫人海，至少老時喝酒還能豪爽地說：「想當年，老子……。」

有個校友回學校跟三年級學生分享人生，分享結束之後，她來找我，她談及挑戰聖母峰的經驗——沒錯，就是那座世界第一高峰！她是本校第一屆攀岩隊選手，現在還在持續攀岩，更在新竹某攀岩場實習，實習結束之後，她說想當傘兵——沒錯，就是特種部隊！

我沒教過她，但是聽同仁說過很多她的事情：家境不是很好，每到週末就在田裡幫忙，還能自己開耕耘機，所以她經歷了很多同年齡的人所沒經歷的，家境成了最嚴苛的試煉。有次我在南投往草屯的公車上遇到她，原來她為了繼續攀岩，選擇了較遠的學校就讀，也在這兒獲得總統教育獎。她在顛簸的公車上跟我說：「這是我的選擇，路途就不是問題了。」我很喜歡她說的這句話，為了這個選擇，這個她所選擇的未來，她必須從二水搭火車到名間，再從名間轉搭公車到草屯，草屯下車另搭往台中的車到學校宿舍。我也曾是流浪學生，國中就在外飄盪，我相信當她把行李丟在宿舍的床位時，心裡一定空虛過。

這次回學校分享，她自己也有疑惑。她又有一次挑戰聖母峰的機會，上回她並沒有登上目標 5,364M，也就是攀上 8,848M 的基地營，她在抵達 5,140M 前高山症發作，引發腦水腫，教練請嚮導帶她下山，到下面一個基地營等待，她也說好，但等教練們上山，她便起身往 5,140M 山屋前進，即使嚮導制止，她仍舊搖搖晃晃拖著沉重的步伐，原本兩小時的路程，她走了四小時。她說，那時她的腦海盤旋著各種念頭，她扛著校旗，身上揹負著各種期盼。

我難以想像她當時身上所負載的，卻可以感受到這個站在面前向我陳述「我沒完成」的勇者的落寞，她問我：「再挑戰一次有意義嗎？要怎麼跟別人說？因為大家都說：『你已經去過了，再挑戰 5,364M 沒什麼意義。』」

我反問她：「對妳有沒有意義？」

她點點頭，右側掩耳的頭髮鋪灑開來，不小心洩漏了眼中一絲絲的遺憾，而左側削平的短髮則如崖上的短松。

「何必要對別人的意義有所交代？」我跟她說，「紙風車的三一九希望工程開跑前，很多人也覺得沒有意義，但走完這麼一圈之後，大家都覺得有意義了。『意義』本

身並不需要發生在別人身上，我們自己的人生，我們自己的意義，就夠了。」

她接著問：「我要怎麼說服別人？」

「何必說服別人呢？只要說服自己就好，生命就這麼一次，『讓別人羨慕你』不是很酷嗎？」

於是她說起上回出發前在記者會她說得一塌糊塗，這回希望我能幫忙擬稿，此時我幾乎看到她眼中有一座聖母峰，映出耀眼光芒。二水國中攀岩社的孩子去挑戰聖母峰！這就是偏鄉教育的坎兒井，泉湧不絕，會考永遠考不出這種人才。

如果生命到了最後一天，我會不會遺憾有事情沒有做好？我曾經想過這個問題。我想，有句話說得很好，可以作為註解：「我們不是準備好怎麼活，而是準備好怎麼離開。」所以，想做的事情就去做，不要留下遺憾。

▲十二公尺高的牆，跨過，便贏了自己。

「越位」母親

5月
WEEK 2

以前當學生的時候，寫作文常常會應時令寫到「我的爸爸」或「我的媽媽」，剛教書時不以為意，也時常出這樣的題目讓孩子寫，不過總會有一、兩個孩子偷偷來跟我說：「老師，我沒有爸爸／媽媽，可以寫別的嗎？」

有時也會有人來說：「我不想寫他／她，可不可以？」

我可以理解沒有爸爸／媽媽的人的心理，要他們回想「失去」的親人可能得再承受一次情緒的折磨，我就看過學生寫著寫著潸然淚下，一問之下才知道是這樣的情況。

有的人甚至已經對爸爸／媽媽沒有印象，要他們憑空揑造也說不過去，但對於「不想寫」的心態，我就比較無法理解，尤其媽媽通常是最親密的人，怎麼會不想寫她呢？直到有次看到這一幕……。

那時已經晚上七、八點，在寧靜的村落裡就連路口散步者的聊天都可以聽得清清楚楚，更何況是淒厲的尖叫。

「媽媽，妳不要這樣，下來啦！」女兒對著站在水圳欄杆上作勢要跳的母親哭喊。

我覺得這個聲音很熟悉，趕緊從租屋的地方跑出來看。

一跑出來赫然看到涼亭旁的水圳邊聚集了一些人，大家跟站在欄杆上的女人保持警戒距離，不敢近身。

「妳不為嘎己按算，嘛愛替這咧想看賣！」說話的人看著淚眼婆娑的女兒，「囝仔真可憐喔！」

即使大家一直勸，母親仍顛三倒四說著酒話。「妳賣阿捏啦，下來啦。」女兒再一次央求。

我聽得痛徹心扉，突然可以體會當時她為什麼拿著稿紙來跟我說：「我不想寫她。」她不知道怎麼察覺到我走近，我們眼神有過短暫的交會，瞬間我看到她傳遞出軟弱與無助，同時也散發求救訊號。

所以，後來如果我出類似的題目時就會加上但書：「也可以寫你最親密的人。」

「我可以寫阿嬤嗎？」學生問。

「當然可以！」我同時會小聲跟他說，「我也是阿嬤帶大的，有阿嬤很好。」

在我教書的地方有很多人就是有這樣的「越位」母親，她們代替自己的兒女扮演母親的腳色，她們時常覺得自己不夠完美，不夠像媽媽，且經常憂心忡忡，「我真憨慢，不會教孫，都不聽我的，老ㄙㄨ，你看要安怎？」

面對這樣的「母親」，我都會以自己的例子要她們別自責，「要變成怎樣是自己要負責的，隔代教養不是問題。」

因為她們做的已經夠好了。

有許多人認為隔代教養的孩子有諸多問題——溝通不良、過分溺愛、管教不住……，但說真的，這些問題只有隔代教養有嗎？如果沒有這些「越位」的親人，這些孩子會更幸福嗎？

我就遇過這樣的阿嬤，她經常出入學校，而我總會勸她：「阿嬤，妳不用替囝仔做這麼多。」

「老ㄙㄨ，你不災啦，我若沒咖注意ㄌㄟ，伊只會憨讀冊……。」

「就是阿捏，你不免幫伊做這多。」

「我做阿嬤ㄟ若不幫伊按算，就沒人ㄟ賽按算。」

「我知影妳真辛苦，但是囝仔ㄟ大漢……。」

「老ㄙㄨ，你拱ㄟ我知，高中我就要伊住校舍。」

「擱一年就要住校舍，妳擱幫伊傳中晝頓？」

「老ㄙㄨ，你不災啦，我這ㄟ孫，中晝吃不慣習，一定要我幫伊傳。」

「妳不是說高中要伊住校舍，三頓攏吃外口ㄋㄟ！」

聽我這麼一說，阿嬤心虛地笑了，不過她仍堅持，「所以，老ㄙㄨ你不災啦，我春這陣ㄟ賽傳中晝頓。」

「讀高中了後三頓攏外口ㄋㄟ！」我強調。

「老ㄙㄨ，你不災啦，這ㄟ囝仔足歹命，自小漢老母就跑了，統可憐就伊老爸，阮囝，為著幫我買肉丸……」阿嬤說著說著流下眼淚，「我到現場ㄟ時存，手還提著肉丸，伊ㄟ時存，這ㄟ囝仔才二歲，老ㄙㄨ，你看，我甘放ㄟ下？我老仔住院足久了，我多希望伊緊去，免甘苦，我嘛咖快活。」阿嬤又抹了一把眼淚，「我著憂鬱症，很想要自殺，哪不是想著這ㄟ囝仔，想著ㄟ賽幫伊送中晝頓，我真的不災要安怎，你看——」阿嬤打開斜背包包，「我幫伊將獎狀攏總帶來，那說到阮這ㄟ，不是我阿嬤咧說，真正真認真，吃飯嘛咧讀冊，攏給我考全校前十名，所以我一定要給按算，我拿這ㄟ獎狀去彰工問，看安怎才ㄟ賽來這讀，人教官看到這ㄟ獎狀嘛說：『令孫要好好栽培。』所以，老ㄙㄨ，你看，我甘ㄟ賽不來走總？」阿嬤又抹了一把眼淚，這次手上握著獎狀，帶著一點點微笑。

「阿嬤，阿捏我災啊，為著令孫，妳要逐日送便當來，而且擱三五年伊著ㄟ取女朋友予妳鑑定，妳要堅強。」

阿嬤笑笑地拍了我的肩膀，「老ㄙㄨ，你愛講笑，還小漢咧。」

沒多久，她把便當交給小孩，問了志工時數後就離開了。

我放眼望過去，學務處左側教室一年級才剛上課，走廊的空間正好塞得下阿嬤的跫音，她佝僂的不是背影，而是腳上的步伐，微微福態的體型一左一右搖擺著，要不是她身影愈來愈小，直到消失在走廊盡頭，我都不知道她是往前走，還是搖搖欲倒。

平心而論，這些當過兩次媽媽的人即使有些過季，但只要更新一些設定，她們也可以是很稱職的媽媽；就算做得不夠好，以愛之名，也就夠了。有一天，孩子會懂的。

穿一套不相稱的西裝

5月 WEEK 3

我曾經組了一支糾察隊，他們當中有些人不是很稱頭，不是大家眼中品學兼優的學生。我知道他們不夠稱頭，但我的目的從來不是要他們管好誰，而是只要他們管好自己就夠了，若能在管好自己的過程中還幫上忙，對我而言就是多賺的。

我的想法是：給他們一套西裝穿，穿得再怎麼邋遢也比九袋的更整齊。更何況這套西裝可以帶來自我價值跟自我認同，以擔任糾察的正向觀感讓孩子發現自己也有正向能量，能成為別人的楷模，就會有成就感，這些孩子就會有更多的可能性。

所有事情的開始都是最辛苦的，糾察隊成立的第一年若沒有好口碑，以後我就招募不到我想要的人，所以他們必須確實有效改善校園秩序。因此，我找來宗翰，他是最能幫我的人，也是最有能力的人，我們經常並肩完成一些事情，一有這樣的念頭我第一個就想到他。我跟他說：「我要成立一支糾察隊，學校需要新的秩序，建立新秩序非常不容易，得承擔被同學辱罵、討厭的後果，而且還不能罵回去，引起更大的糾紛，很辛苦，你願意嗎？」他聽完當然二話不說，「水喔！」就接下這個任務。

「你是總隊長，糾察成員就六個，你負責招募三個可以跟你一起做事情的人，剩下兩個我找。記得，要找有正義感、肯做事的人。」

這麼說定之後他便開始尋找適合人選，人選到齊之後我把他們集合起來重複了一遍糾察隊的信念，並把專屬臂章交給他們，在交給他們之前我又跟他們說：「我交給你們的是責任，不是權力，你們代表某部分的我。記得，你們做錯什麼等於我做錯什麼。」

他們眼中都閃爍著光芒，也很盡心盡力幫忙各項事務，抓抽菸、找違規，也幫我預防很多可能發生的事情，例如：學生在網路上說好要在哪兒「談話」，或是有任何糾紛，我都會馬上知道，也才好立即處理。不過他們也常常拿捏不好，有時還會上課睡覺而被老師點名，甚至發生濫用權力的情況，所以我每個禮拜都會跟他們開檢討會，讓大家自己回顧沒做好的部分。

不過隊裡有成員素行不是很好，我因此常常接到投訴。其實我早知道他們當中有些的確狀況不好，但我本來就是想要他們管好自己，而有了「糾察」的頭銜、名義，也比較好約束他們。再說，品學兼優的學生敢去廁所抓同學偷抽菸嗎？

有一次，糾察把廁所的菸全都拿來給我，跟我說：「不要問我是誰的，以後不會再出現菸了。」

從此，校方認真找也找不到菸，這都是糾察幫的忙，也是他們建立的新規矩。這些被我選出來的孩子其實不壞，他們比較有正義感，只是沒有被教導去學習正確的事。

有天中午，成員之一的小義默默在拔著草，我湊過去跟他一起拔草，問他：「最近還好嗎？」

這是我開啟跟學生對話的模式，但被我這麼一問他沒有任何回應，幾秒鐘之後突然開始流淚，我心想：「這麼一條漢子怎麼會……？」

於是我輕輕撞了撞他的肩膀，又問：「怎麼了？」

▲我很感謝這些糾察們（照片中黑色臂章即為糾察的標誌）。

他吸了幾口氣，勉強擠出幾個字，「我這禮拜要去看我爸。」聽他說「要去看我爸」，我就知道那是一場很不容易的「面會」。

「怎麼回事？久久見一次面不是很好，幹嘛這樣？」

「每次要去見他我都很愧疚，因為他會進去裡面是我害的。」他又吸了幾口氣才繼續說，「國小三年級的時候，我媽受不了他老是吸毒，叫我打電話給警察，我聽了媽媽的話去打電話，沒想到幾分鐘之後警察就把我家包圍，從此我要見他都得在那兒，所以要去見他我都覺得很愧疚。」

「別想太多，你這樣做是幫了你媽，搞不好你爸也會因此有一個重生的機會，別想太多。」雖然這樣說，但我知道這些話根本安慰不了人，我只是丟些聲音出來別讓空氣過於凝結。

老實說，校園秩序能夠轉變，得感謝這幾任的糾察，他們不僅每節下課都要到處「巡視」，提醒大家準時進教室，得忍受同學、朋友的批評，還得承擔社會觀感的壓力，在此，我得謝謝他們，謝謝他們願意和我一起奮戰。

5月 WEEK 4

小志的攝影展

小志是學習相對落後的學生，對課業沒什麼興趣，在偶然的機緣下，我發現他對我的相機很有興趣。

「老師，你的相機好像不錯喔。」

「有興趣嗎？」我把相機遞上，「拿去拍看看。」

沒想到單眼的快門聲竟然這麼吸引他，於是我又拿兩本入門書給他，要他看完找時間讓我提問，通過就可以跟我借相機。原本以為他得十天半個月之後才會來找我，沒想到隔天他就來了。我問他光圈、快門等簡單的原理，他也都可以答出來，於是我幫他準備一張記憶卡，並跟他說：「相機就在這裡，要用跟我說一下就可以，不過有個前提，使用我的相機只能用M模式。」（按：M模式意即手動模式。）

他點了點頭就把相機帶走，而且每節下課都會主動來拿。我也樂意把相機分享給他，為了讓他每天都可以使用相機，揹相機到學校就變成我的習慣，他大概不知道我有時候也會嫌相機累贅，只是為了他才每天揹來揹去。他拍著拍著，愈拍愈有興趣，而且同學看到他拿著專業相機都很欣羨，也覺得他拍得很漂亮，很美。

我發現小志在攝影上愈來愈有成就感，因此我又教他如何用大光圈拍出人像清楚、背景模糊的沙龍照，對單眼來說要做到淺景深並不難，可是被拍出美照的同學可不這麼認為，他們一致覺得小志很會拍照，小志也因為獲得肯定而充滿自信。

有了這分自信，小志對電子產品開始產生興趣，連作業也都能準時交出來，這分自信不只在拿著相機的時候浮現，還慢慢擴散到其他領域去。從他身上我看到人真的需要成就感，當有某一項專長被看見之後，其他專長就算不是突飛猛進，也會跟著提升，因為這分自我認同正在進行生長，正在自我實踐。

漸漸地，他變成我的專屬攝影師，只要到教室外面去上課，我一定把相機交給他，讓他自由發揮。其實我並不是多懂拍照，光圈跟快門的大學問我也沒有，只是上網看過一些資訊，隨手拍些照片，我們之間是討論跟分享，稱不上教學。而因為他使用M模式習慣了，也就多少能掌握一點光圈跟快門，我們的話題漸漸轉移到如何取景，然後試著對一些畫面加以詮釋，拍出有故事的照片。

幾次有人找我採訪，他都會故意來問：「老師，那是什麼？」

我知道他也對攝影機好奇，所以都會拜託攝影師讓他扛扛機器，或是跟他聊聊這個行業。等他們聊完，我問他感覺如何，他臉上的笑容總會說明一切。

我知道他已經喜歡上攝影，想趁社團成果展的時候幫他開攝影展，但他一直拒絕，甚至還丟一張紙條給我，上面寫著：「老師，我還是不開攝影展了，沒有足夠的心情來做準備，讓老師失望了，抱歉。」

看到這張紙條時我其實滿難過，我不是因為他不開攝影展而失落，我在乎的是他對自己失去信心了，他明明就喜歡攝影，也樂在其中，卻因為不敢上台而退縮。

那張紙條我一直沒收起來，還故意放在桌上，直到他來借相機時，我問他：「這張是什麼鬼！」

他眼神閃爍，不敢給我答案，後來上課時我只要一進到教室就會故意問學生：「你們說看看，這樣合不合理，明明喜歡卻不敢做。」

學生們知道我在說他，也會跟著起鬨：「對啊，對啊，就開啊！」

我還故意挑釁他：「是不是男子漢？是的話就跳出來。」

▲孩子，你沒有讓我失望，是讓自己失望了。

▲媒體攝影團隊來，小志在旁觀摩。

沒想到他竟然說：「我不是。」

到最後他甚至連相機都不來借了，我只好改弦易轍，對他說：「不然，你只要把照片洗出來，站在我旁邊就好，我來幫你報告。」

但即使如此他還是鼓不起勇氣，克服不了面對人群的恐懼。後來我還商請幾個手藝不錯的同學幫他製作珍珠看板，就算他不願意，我仍希望幫他做好準備，只等他說一聲「好」。

一直到展前最後兩天，他主動找同學來幫他製作攝影展看板，我沒問他為什麼改變心意，只知道成果展當天他表現得很有自信，完全不用我罩。

小志攝影展新聞摘要（摘錄自三大有線電視「彰視新聞」）：

二水國中有一名三年級畢業學生許銘志，他喜歡照相，雖然一直沒有自己的相機，不過他卻是願意借、願意學，讓老師都將相機借給他來拍照。在該校社團成果展活動中，許銘志製作了一張張海報，展現喜歡的相機和自己拍的作品，和大家分享他的與趣和他「照相的夢」。

6/ 六月，展翅飛翔

當我將船的羽翼鬆綁
迎面而來不會只有旖旎的波濤
在哥倫布的望遠鏡裡
有懾人的食人魚
也有新大陸
而撥弄唇舌的故事往往不如
一罈酒後發作的痛風

不是捨或得，只是選擇

6月
WEEK 1

「放棄」跟「不想」不一樣。

「不想」是經過選擇的。

第一年當學務主任的時候幫學生籌劃例行的社團成果展（本校曾於二〇一二年獲《親子天下》優質國中社團一百選），想要呈現學生在這一年內學到的知識技能──對很多學習成效低落的學生來說，社團是充滿成就感的地方，他們在這個環境裡生龍活虎，而且總是興致高昂──成果展以博覽會形式來表現，讓家長一攤一攤去參觀。準備成果展的孩子相當認真，看得出來他們想讓大家知道他們所學到、學會的東西，我們發出了很多邀請函，誠摯希望家長來看看孩子在課業之外的表現，但可能是因為舉辦時間是非假日又在白天上班時段，來參觀的家長寥寥無幾，只有十二個，不管我怎麼數，什

▲孩子們的社團成果展。

麼時候數，就是十二個人，學生的心情大受影響，我也一樣，但我不能表現出來，這時必須有人看起來活潑有朝氣。

「就算只有一個人，我們也要給他們看個精采！」我強打精神跟學生宣告。

因為準備充分，學生個個眉飛色舞，家長也聽得津津有味，無奈的是當天器材、喇叭都出了狀況，有了不如人意之處。於是在成果展結束的時候，我跟學生說：「明年的成果展，我們到市區去辦！」

就這樣，我們的成果展轉戰到市區。「家長不來，我們去！我不相信他們看不到我們的好！」我在心裡想著。

為了把成果展辦好，我跟建峻老師去看了好幾次場地，想像這裡可以擺什麼，那邊可以怎麼放，然後還得規劃細節：什麼時候請學生進行場布？提早離開學校的學生要怎麼去？當天的動線、流程怎麼安排？

即使做好所有準備，我仍舊不放心，還偷偷再跑去看看場地，在腦中模擬流程的進行。所有的社團老師也都挽起袖子，就為了當天晚上可以妥妥當當，熱熱鬧鬧。

我們預計六點三十分開幕，不過直到六點多了，來的人竟然只比去年多了一點點，我很擔心，趕緊到路口去招呼，看到熟識的人便打招呼請他進去看看，而且我還故意把麥克風帶走，讓開幕無法順利舉行。我希望人多一點再開幕，讓在攤子上摩拳擦掌的小關主們都能歡欣鼓舞。

不久，天上竟然飄起小雨，在路口幫忙指揮交通的人問我怎麼還不進去，我看著斜斜細細的雨不知道該說什麼，也忘了是怎麼回應他，只記得很討厭那一場雨，它看起來很像老天的嘲諷，更像一盆冷水潑在打算前來的人身上，當然也潑滿了我一身。

「老師，校長請你進去，要開始了，而且他找不到麥克風。」學生急急忙忙來找我。

「你跟校長說找不到我。」我隨便打發他。

他不知所措應了一聲便離開了，沒多久又來了一個人，「老師，校長說要開始了，找不到麥克風。」

我還是請他先回去。「就算再多兩個人也好。」我心裡想。

但這次學生沒有馬上離開，他望著我，一臉莫名其妙，說：「老師你還要等嗎？

人很多呢！」

「人很多？」我狐疑地看著他。

「對啊，大家都從另外一邊的門進來。」他說。

聽他這麼說，我趕緊跑進會場，會場果然熙熙攘攘，看到這麼多人我心裡的石頭也掉了下來，趕緊把麥克風交給校長，也趕緊到每個攤位去跟孩子們說：「人來了，接下來就看你們的了，加油！」

對他們打完氣之後，我又化身為導遊，帶著家長到每一個攤位去瀏覽，同時把舞台交給學生，只有在學生緊張、怯場時我才拿起麥克風幫他一把，讓氣氛不會那麼僵，這個舞台是學生的，他們準備一年了，掌聲應該是給他們的！

準備這些工作很累人，所有的老師都要投入這場成果展，不僅要安排流程、設計動線、布置場地，還要一一招待來賓，但我們都很高興可以看到孩子展現自我。有的學生一年只有這麼一次展現他生命的能量給民眾看，也給家長看，有個家長看到自己經常犯錯的孩子拿著麥克風侃侃而談時，默默流了眼淚，我問她怎麼了，她說：「沒想到我的兒子這麼棒！」

我喜歡看到這一幕，也樂於將這一幕分享給孩子，讓他們知道自己表現好，家長也與有榮焉。一場成果展需要花費很多心力，但卻可以讓許多孩子有生活重心與學習動

力，也能讓家長看到孩子在課業之外的其他可能性。

為了參與成果展，我沒能參加師鐸獎提供的歐洲參訪（時間在六月），很多人覺得放棄很可惜，但我一點也不覺得——我不是放棄，而是不想去。歐洲的老城充滿人文風采，但我們的社團成果展有我熟悉的人，還有我們一整年的精采。

▲美麗、絢爛的曾經，也有該放下的時候。

是我要的，還是學生要的

6月
WEEK 2

某日，應電視台之邀分享在學校跟學生相處的情況，錄完影之後覺得自己的分享還不錯，應該可以提供許多人參考，讓大家在碰到類似情況時知道怎麼引導孩子。

隔天，放學前辦公室來了一通電話，對方是我不認識的觀眾朋友，她說是在看了「讚聲大國民」之後決定打電話找我。我很高興跟她說自己就是楊老師，等著聽她稱讚我的引導方法是如何如何的高明，不料她第一句話的語調跟我期待的有點不一樣，音調馬上降了八度，我驚覺事態不妙，但她已經停不下來了。只聽她開始劈哩啪啦罵道：「我認為你的說法不對，你的所有過程都是騙，學校不該欺騙學生，教育不是這麼一回事，你拿高級相機給他，讓他誤以為自己的技術很好就是欺騙，還敢大言不慚。若是我會拿很爛很爛的相機給學生用……。」

她好不容易說完，我趕緊趁隙解釋：「是他看到我使用相機覺得有趣才來借的，不是我去誘騙他，而且我還特別拿了入門書給他看。」

我沒解釋便罷，一說完她更火了，問我：「為什麼要給他書看，要讓他自己學，怎麼可以拿書給他？老師就是喜歡叫學生比賽，成就感什麼的都是很世俗的……。」

她的很多觀點我並不認同，包括她認為不該教學生一技之長，而且口氣很不好，但我都耐著性子聽，因為這些聲音是我平常聽不到的，即使尖銳刺耳，卻是另一個角度的意見，但她太過激動了，我請她冷靜理性一些，同時也適時加以回應，可是只要我一有回應她就更加歇斯底里，在電話那頭幾乎是嘶吼。

老實說，我真的不知道她為什麼這麼生氣，她不認識我也不認識那名學生，這件跟她無關的事情竟然讓她如此激動，可見她絕對有她的看法，我尊重她的說法，卻仍無法理解為何不能讓學生堅持並透過練習達到精熟，我跟她提到馬友友曾說：「當初要不是媽媽的堅持他也不會是他了。」

一聽到我提馬友友，她又暴怒，認為這些虛名就是學校教育失敗之處。我知道她想說的重點，因為我也常這樣反思：「這是我要的，還是學生要的？」但我認為孩子仍舊需要成就感，所以提到幫學生辦攝影展的事，「過程中他曾抗拒，也曾退縮，是我一直鼓勵他才勇敢站出來的。」

於是她說我就是愛往自己臉上貼金，孩子勉強出來辦成果展就是我給他壓力，想成就自己。就這樣，我被瘋狂轟炸了一個半小時。

在她罵我的時候我一直想打電話給小志，因為這位女士說的也不無道理，我希望孩子有成就感，把他們推上自己以為的舞台，而且把這些事情掛在嘴邊，琅琅上口，似乎背後隱含著驚人、不純潔的動機——即使我真的沒有這麼想過，但這位女士的看法並沒有完全不對。

對話的過程中，這位女士在無法接受我的論點，或者無法回應我的說法時就會唸《心經》給我聽，不然就是吟上一段我沒聽過的《詩經》、楚辭。我不是受虐狂，也不是心裡有什麼陰影，但這通電話委實代表我從沒聽過的聲音，我想聽她說完，而且就是因為「我」覺得不合理，所以更想聽聽完全相左的看法，以及另一個別人眼中極端的我是什麼長相。我更想打電話問小志，如果他跟這位女士有同樣的感受，「我一定要跟他道歉。」我誠誠懇懇跟這位女士說。

那位女士聽到我要跟學生道歉又破口大罵，說我大街說嘴，臉書道歉，我也覺得很有道理，更想聯繫上學生。好不容易女士的電話斷了，在我關好辦公室的門時，電話響起，可能是女士又回撥，但這次我沒有去接，放任這通電話一直在空蕩的辦公室響著，我的心裡有另外一通電話響著，我得去接通它。

於是我開始找人，透過幾個學生終於找到小志的電話。我把剛剛女士跟我說的話跟他說一遍，問他在辦攝影展的過程有沒有感到不愉快，或者受到壓力。他坦承，開攝影展的時候是有些壓力，但完成之後就沒有了，整個人很放鬆，而學攝影的過程也都很愉快。聽他這麼說，我心裡放下一塊大石頭，不過我還是很誠懇跟他道歉，沒跟他道歉我就是會覺得不自在，而他也不介意我跟大家分享我們之間關於相機的事情。

在學校當老師，我常反思：「這件事是我要的，還是學生要的？」帶學生出去比賽、踩街是如此，就算是默背字音字形、字詞解釋也是如此，我總是跟學生說：「那是我殘忍的溫柔，可能會用你不喜歡的方式表達我對你的溫柔。」

說真的，對許多問題我常沒有答案，因為答案從來不在現在或明天就會出現，這個職場的答案總在數年之後才能論斷，所以每當學生以朋友的身分回來找我，都會讓我覺得開心，那是一種鼓勵，也是一種肯定。

一個禮拜之後，樂隊在二水街上踩街，那天晚上我忘記帶相機，已經畢業的小志正好出現，他遞出他的相機給我，「來，給你！」

當我透過他相機的觀景窗拍照的時候，似乎看到了另一番景致。

▲小志的攝影展如期開展。

你的畢業證書要我交給你
6月
WEEK
3

他，現在是獨當一面的音控師；他，高中時曾經徘徊於要不要繼續唸書；他，國中時曾經為了改裝摩托車而犯下大錯。

他，現在是獨當一面的音控師，但他曾經……。

爸爸聲淚俱下要學校再給小孩機會的同時，我心裡猶豫著該不該報警，要不要動用學校之外的矯正機制幫他，因為他一直在錯誤當中徘徊，但要承認學校機制失能又心有不甘，而且將孩子送過去後，如果再犯，要送哪兒？我盡量想著課堂中穿著制服的他的樣子，不讓監視器裡躡手躡腳的他成為完全的他，希望自己可以從記憶中攫取笑顏的、陽光的他，也唯有他才能救贖眼前這個垂頭喪氣的父親。父親是地方名望，在外有頭有臉，事業也算有所成就，卻對教養束手無策，在我面前痛哭的一對父子各自為了傷心的理由淚流滿面，而這樣的情景也同樣困惑著我，我不知道可以怎麼幫父親，怎麼教孩子，怎麼說服自己！

最後，我還是心軟了，因為腦海中有太多這孩子笑的樣子。

直到畢業前他都在辦公室罰站，也成為我的小幫手，一有機會我就會跟他聊他犯過的錯，椅子拉過來就是一陣閒談，所以當他可以畢業時，我跟他說：「你的畢業證書我一定要親手頒給你！」

你的畢業證書我一定要親手頒給你！

畢業後他升上高中，為了課業的漫無目的而苦惱，他回學校找我，跟我談休學的念頭，我沒鼓勵他繼續撐下去，反而跳出要不要休學的選擇，問他喜不喜歡現在的生活。他搖搖頭，還是決定休學，但我清楚知道，他的休學只是短暫休息，他會再回來，他承諾，找到理由一定會回到校園。

重新找到自我定位之後，他又回到工作崗位，幫父親分擔業務，漸漸地自己也帶出一組工作團隊，穿梭在大大小小的活動場合。他畢業前還跟我說他可以回來幫忙設置學校卡拉ＯＫ。第一次請他回來時，下著小雨，學校正在重建，沒有場地，我們就規劃攀岩場作為露天舞台，其實這個規劃也是畢業前我們討論過的，當他把場地架設好我覺得很欣慰，我欣慰的不是他幫學校解決問題，而是在那次的猶豫中沒有做錯決定。

這兩三年來常在臉書上看到他為了工作忙碌，有時是三更半夜架設舞台，有時是夜闌人靜反省檢討，有時是為了增添新設備、學會新技術而高興雀躍，這些點點滴滴我雖然都沒參與，又好像參與過似的。

昨天他又回到學校幫忙畢業典禮音控，典禮結束，他跟我說很想再進大學讀書，學習企業管理，又說在社會上很多事情是商業機密不會有人教，自學又沒效率，到學校學最快，也最好學，很後悔當初沒有好好讀書，現在碰到很多問題都需要學問解決，版權問題、法律問題、經營管理問題……種種他誤以為實務經驗最重要的自以為是成為了缺點而層出不窮。他問我意見時的口吻很成熟，也很沉穩，而且真心後悔自己沒能把握時間，現在讀書已經比人家慢了。我以自己的例子鼓勵他，告訴他只要想學反而學得比較快，比較有效率，現在知道自己的不足，也知道自己需要什麼，沒有慢跟快的問題，學習一直都在發生。

老實說，我都不知道自己到底可不可以給他建議，出社會這幾年（國中畢業三年）他見到的比我多，卻能如此虛心省思自己需要什麼。他一邊收電線、器材，一邊跟我討論他的規劃，每一步都如此踏實而穩定，不像做白日夢的公子哥，於是我當下邀請他回學校跟學弟妹們談談讀書的重要性，他對我說的那一番話一定比我的嘮叨有用。

因為，他們都很美。

如果老師自詡為園丁，在澆花施肥時不小心被玫瑰刺傷了，該不該停止澆水施肥，甚至拿剪刀剪了玫瑰？玫瑰嬌豔而且有刺是我們早就知道的，如果我們是園丁，我們該做的事就是澆水施肥，然後記住花園裡的花的特質，並提醒自己小心一點──因為，他們都很美。

▲畢業時，我親手將畢業證書交到佑良手上。

教會外牆的彩繪

6月 WEEK 4

今天去教會，看到一群年輕朋友（其實是校友）正刷著牆壁，他們打算彩繪一面長長的牆，而彩繪的圖案還是出自於二〇一二的孝班學生之手呢！

其實她們已經彩繪過另一面牆。那面牆突然從素白變成彩色，很多人都嚇了一跳，經過的人大概跟我一樣，只是覺得牆變漂亮了，很少人知道變漂亮的過程有多辛苦。今天有幸，訪問到創作者，她先來個招牌的靦腆，才接著說：「要先算好比例，然後根據比例，找到恰當的紙，先手繪一遍，再畫上方格，而紙面上的格子，牆面上也要有，所以，紙上彩繪只是第一步。接著，所有的步驟得在牆面上再來一次，不過，這還沒算到牆面需要清洗、刷底色等前置作業。刷上一面牆時是冬天，穿多一點就好，現在是盛夏……。」

她緩一口氣，但我知道夏天還有下雨的問題，果然她說：「下雨就慘了，去年就發生過，還好只有一小塊糊了。」果然是年輕人，不怕麻煩，有這樣的年輕人可以依靠真好，霎時，我突然羨慕起牧師，他身邊都是一群等待萌芽的種子。

我沒待在工作現場太久，這個學生已經跟攝影師討論起影片製作，而跟她討論影片製作的人還曾是國中隔壁班同學，兩人已是大二，已經可以討論專業問題了，諸如攝影的角度、呈現的效果、可能碰到的問題……。下次我再經過教會，相信這面牆已經煥然一新，她說這次的創作跟上次不一樣，畫作中包含著在地情懷，緊接著娓娓道來每一幅插畫的情節：老人家對家鄉的印象、農作的實況、童真的記憶，以及她去過的阿里山……，她說上次彩繪的主題沒想那麼多，但這次可以更從容、更完整。人生豈非如此？我們都是因為「上一次」而更好！

我掐掐手指大膽猜測：「需時至少要一個月吧？」

她用一條白色小黑點的髮帶將額頭推高，綁了一頭俐落的馬尾，這副裝扮讓她把「不用」二字推出嘴唇前就已經神采自若，我已經掐好的指頭突然有點莫名其妙，且進退維谷，只好詫異表示：「真的？」

此時在她眼角閃過的神祕笑意把我的指頭拗回去，她不假思索地說：「真的啦！」這樣的語調我在她國中時就聽過很多次了，不同的是，這一次我是被說服的那個人。

在她國一時，為了在校慶亮麗登場，她找來幾個同學說要設計班服，當時我懷疑時間根本趕不上，她也是這般回答。雖然那年不是由她的設計獲得同學青睞，但接下來的兩年她的設計都得到同學認同，每次她都跟我說：「真的啦！我們來得及！」六年前說這句話的小女生如今已經成為落落大方的大女孩，我看過她設計班服的圖稿，也看到那些圖稿被橡皮擦擦到起皺的痕跡，這些痕跡都慢慢地讓她的下一道線條更加明確，也讓她的高中作品可以如此活潑有生氣。

高職畢業前夕，我找了空，到她們畢業展覽的場地去，雖然她不在現場，但我一眼就看出她的作品——還是那隻小青蛙，和那個臉頰被縫補過的小女孩。我問過她為什麼作品中常有這兩個圖像，她也不知道為什麼，只說：「它們就這樣出現了。」

上大學前她約我見面，給了我一本小冊子，我一看才知道是她高中三年的所有作品，「這是甄試要給教授看的，我多做了一本，就是要送給你。」

當她把這三年的精華遞到我手裡時，我深受感動，我沒參與的三年都在這裡。我喜歡她這樣的分享，正如她把教會的牆塗得如此精采一般，它們也許不是什麼珍貴的藝術品，但絕對值得駐足，能讓人為自己的作品駐足不正是創作者最大的喜悅嗎？

謝謝妳分享這樣的喜悅，每當我站在這堵牆下瞻仰，彷彿看到了更遠的天空。

▲嬿羽的教會外牆彩繪，以及她的小作品。

兩個好老師的「祭文」

6月／WEEK 5

敝校要招聘老師可不簡單，二招、三招是很正常的，有時還會有老師因為水土不服的關係只待了一學期就離開。上學期來了兩個很不錯的老師，但他們要離開了，所以我要「悼念」這兩個好老師，願他們「一路好走」。

寫這篇悼念文的念頭擺了很久，一直不想寫是希望還有轉機，但就算我再怎麼不願意面對，它也已經成為定局。

第一個是英文老師。她不會開車、不會騎腳踏車，卻硬著頭皮把學生留下來輔導，在偏鄉這樣的舉措無異是拿石頭砸自己的腳，但她無怨無悔——好吧，過程中難免會有些價值衝突，最後勝利的仍然是自己的初衷。

她的班上有很多弱勢家庭的學生，我曾陪她到一個幾近中輟的學生家走訪好幾次。

那段時間她不斷打電話，不斷在嘟嘟嘟的聲音中企盼，她還曾為了找不到學生而哭泣，覺得自己沒用、不夠強，這時班上同時有班級秩序需要管理，也有好些孩子吃味，覺得老師只關心沒來的人。老師的「惡行惡狀」還包括干涉到本科之外的其他科目，這也是為什麼我常常看到她埋首書堆以及補充講義了。辦公室的燈光低迷，她瞇著眼，時推眼鏡，這些零碎的線頭雖然雜亂，但她仍舊企圖找到棒針，因為她知道只要她開始編織，這些線終究會成為一匹布，一件毛衣。

每天早上我都看到她專注地批閱聯絡簿，在聯絡簿上關心孩子，跟孩子互動，也藉此找到一點點還在當老師的理由，即使在教學、班營的專業領域裡無法得手應心，偏鄉教育的家庭問題也常讓她束手無策，但她總是會告訴自己：我是老師！

另一個是教生物的老師。他年輕有活力，經常被學生包圍，圍著他問問題、聊天、找他打籃球，活像十年前的我，不過他更像他自己。

他的課程十分活潑，有煮湯圓、做捕蚊器、做鹹鴨蛋……，而且他跟學生看似沒啥距離，班級經營卻沒出過狀況，為了考過教檢，他經常拿作文請我批閱，其中有一篇寫到他想當老師是因為自己曾經誤上歧途，還好高職時有老師拉他一把，讓他重新找到自己，也重新幫自己定位，因此上了大學後加修教育學程，希望有一天能重回校園，以一個老師的身分。

或許是這個歷程的關係，他很能貼近學生生活，並以生活為題材上課，學生全都喜歡他這樣豐富活潑的上課方式，而他也樂意付出，因為他曾經遇過一個這樣的老師。

不過這兩位老師都「過世」了，今年彰化沒有開缺，很多地方也沒啥缺，英文老師決定轉換跑道，即使她很愛很愛老師這個工作，但她必須離開。而生物老師也必須離開，因為他大學沒有加修植物類的學分，沒有這學分，所有生物老師的甄選，他都得等到第三招。

他們在離開之前分別寫了卡片給我，將近一個月了，我還是沒有打開來看，我希望跟他們共事的種種緘存在信封裡就好。裡面寫的也許是感謝，也許是祝福，感謝其實是不用的，能跟這樣的老師共事也算我有幸了；祝福我會收下，但我更希望被祝福的是台灣的教育。少了你們，台灣的教育不會受什麼影響，但若多了很多這樣的你們，我相信台灣的教育會更不一樣。

令人難過的是，我們留不住這樣的老師，即使我們知道他們很好！

祝這兩位老師「一路好走」，同時祝福你們走上康莊之道。

7-8/ 暑假，充電去

跋涉千山萬水

只想為世界地圖提綱挈領

五大洲四大文明三大洋

縱身躍入才發現畫不出詳盡的 Mind Map

不是地球太大

而是章節太短

不是重點太多

而是歲月太短

不是科技太新

而是生活的步調太快

等追到了太陽

手杖成了森林

骨骸成了地形

屆時

我們在哪？

鏡頭下的小人物

暑假 WEEK 1

「有機會我一定要到二水國中教拍電影！」那是一年半前的約定，沒想到竟然還能兌現。

不要看李建成老師是在大學教書，人卻很活潑親切，我們一拍即合，很多話題都很投機，他說出這樣一句話，老實說，我從不認為那是一句會兌現的話，大概比較像是朋友間的應酬，沒想到這段期間他反復問我什麼時候可以來上課。就在我利用課堂讓學生拍了兩次微電影後，發現許多小朋友對此很有興趣，而且拍起來很有模有樣，這才想起找李老師來上課，課程結束我們也可以拍一段二水人的故事。

就這樣，一年半前的承諾兌現了。

說真的，招募學員時擔心學生會覺得無趣，我還一再跟他們強調授課老師很親切，但他們仍是有點猶豫，不過等到真正上課後卻欲罷不能。李老師不講艱深的技術，也不講抽象的藝術，他傳授如何拍片的基本技巧，分鏡、構圖，然後用ＭＶ講解，內容很生活化，也很活潑，跟學生間的互動完全沒有距離。李老師還讓學生們實作拍了幾秒鐘的影片，雖然只有幾秒，加上剪輯、輸出……，也花了半個多小時，這時大家才知道拍攝影片並不簡單，也知道能拍出一段好影片是很厲害的。

我相信李建成老師願意到這個離他家四、五個小時車程的地方一定有什麼原因。當天下了一陣雨，學校在山腰，剛好飄起一陣應景的霧，窗外西北雨的腳步聲有點急躁，但李老師的步調不疾不徐。我看他弓著身回應學生的問題，他的樣子就如同他所碰到的老師：「我國中讀放牛班，還好碰到好老師，還好拍攝電影……。」

所以我相信電影之於李老師的淵源絕對是更深層的，所有他對電影工業的熱情還有期許，都是因為他曾經被這些事物改變過，我相信他所相信的東西就是我在學校所堅持的，所以，我也要拍一部影片回應他。

在偶然的機會下跟峻愷聚餐，他正在地方電視台上班，扛攝影機，聽到他說想拍微電影卻苦無題材，我開心地說：「我有題材！」我們便這樣一拍即合，開啟了我們的「小人物系列」。

我們要拍的是為大家做事情的小人物，這樣的人在各個角落默默做事，不求回報，

卻值得尊敬，而我們希望透過影片向他們致意——這同時也會是一份很棒的禮物，影片一完成就會燒製成光碟，雙手奉上。

第一個對象是擔任學校導護志工的陳養明阿公。十二、三年來不管晴雨，他都站在樹下為孩子執行交通導護，即使年紀已經很大了，仍舊堅持不懈。當我跟阿公說出拍攝計畫時他很靦腆，直說自己沒什麼事蹟，但拗不過我們，成了我們的第一個男主角。

阿公每天都很早出門，我們得五、六點出發，在他家門口守著，從洗漱打理、出門、經過平交道、走過大大小小的巷弄……，一天沒拍好就兩天、三天繼續拍，直到收集夠多的片段。兩個禮拜來，看著他年邁的身影襯著剛露臉的陽光，我真的覺得很感動，也覺得這個攝影計畫很有意義。這段短短的路程阿公已經來來回回走了三千多次，而促使他做這件事情的原因其實再簡單不過：「這些孩子都像自己的孫，我希

▲本書出版時我們應該已完成小人物系列二：桃李不言——許美惠老師。

望他們都平平安安。」

我衷心希望把這份禮物妥妥貼貼地交到阿公手上，讓他隨時可以回味。

打開鏡頭蓋，我看見了不同的世界——楊峻愷

還記得那天中午下著綿綿細雨，國中時代的朋友們聚餐聊天，傳峰老師也和我們一起，大家的關係其實就像朋友一樣，我們很快就進入以前的模式，很自然地聊聊近況、聊聊未來、「練練肖話」，有朋自遠方來，不亦樂乎！剛好聊到我目前的工作，與攝影方面有關，我提到將來想拍電影，沒想到傳峰也是，我倆不謀而合，他說有位老伯平常會到學校路口站導護當志工，於是我們說好有空一起拍他。談笑之間，時間過得很快，聚餐也結束了，大家散會後又回去各忙各的，回到了各自原本的生活。

種下這顆種子後，本以為要很久以後才會發芽，甚至也可能石沉大海。某天半夜，我睡不著覺，看到傳峰老師在線上，於是敲他兩下，我們又聊到那天的事，

愈聊愈覺得對方是認真的。老實說，原本我們都以為彼此只是隨口說說，想不到後來我們凌晨五點就相約在麥當勞，那家麥當勞並非二十四小時營業，我們只能席地而坐，暢談我們接下來要做的事，畫面怎麼拍，鏡頭怎麼帶，劇情怎麼編，在天還未亮的街道中熱烈討論，彷彿世界只剩下我和他。

約定好日期後，屬於行動派的我們早早就到了相約地點，說是「團隊」，其實成員就兩個人，攝影器材就是一台類單眼相機。拍攝的第一天，我完全不知道怎麼拍，我用求救的眼神看著老師，他也假裝鎮定告訴我：「看到什麼就拍，你行的。」於是乎我們真的看到什麼就拍，老伯也很樂意讓我們拍，到後來就像在玩耍一樣。只是一天大概僅有半個小時的時間，而且也沒辦法每天進行，所以我們每次一發現有鏡頭沒拍到想補，或者突然想到新畫面，隔天就得早起重拍。甚至後來剪輯時，又等到我放假再去補特寫。

回想起那些日子其實幾近瘋狂，我們沒有腳本，沒有專業器材，沒有其他助手，就只有兩個人、一份心意，和風雨無阻的熱情，等到我們快完成這部影片時已過了一個月，而影片長度只有五分鐘。過程中老師還曾騎摩托車載我進行動態拍攝，後座的我為了不讓畫面晃動使出渾身解數，老伯身為主角也是非常敬業地認真騎車，而身為導演的老師竟然右手摧油門、左手拿著手機側（自）拍。當然也曾出現睡過頭只好到了拍攝地點吃完早餐就回家的窘況。我們很隨性，在沒有壓力卻有共識的情況下，順利完成我們的第一部二水小人物系列：「阿公，有你真好！」（歡迎上網搜尋。）

儘管我們沒有好的設備，但是有一群人在默默支持我們，也遇到貴人指導，影片才能有這麼好的成果，結尾當然免不了一番感謝，雖然老套，卻是必要：謝謝一路陪我們走過來的老伯，學弟妹們的笑容，學校老師的支持，工作上前輩的指導；最後，感謝傳峰，給我這次的機會，合作愉快！

期待我們下一次的合體，我們要拍的就是貼近生活，為水深火熱的困苦生活發聲。太陽雖然偶爾會被雲層遮住，但只要抬頭仰望，就會看到他不時從隙縫中探出頭來。期許我們能用心去發現每個地方的小太陽，用鏡頭說出每個平凡卻偉大個故事。

為台灣加油

暑假/WEEK 2

暑假是放空的好時間。我愛上環島，喜歡在暑假騎摩托車到處跑，用胎紋閱讀台灣每個角落。我不趕時間，看到喜歡的山就凝望，喜歡的海就聆聽，喜歡的午後就打個盹……。

我曾在磯崎海岸泡水，下午四點多太陽就被海岸山脈綁架，獨留我在太平洋載浮載沉；曾爬上合歡山，花一個上午撩撥3D的雲；曾在六十石山聽老闆娘描述千金姑娘嫁給金針花農的故事，一個下午就輕易地溜過；也曾為了沿途收集微笑，走進猴硐貓咪阿嬤的故事裡；還曾因為錯過加油站而沿途向居民買油，只為了一窺上帝的部落……。這些環島的種種經常成為課堂中的佐料，也被我當成範文閱讀的延伸。

在司馬庫斯，我碰到上山服務的清華大學學生，這個社團已經在這裡服務三十多

年了，每年都會來這裡陪伴部落孩子，也會幫忙農作。走進宜蘭的紅磚屋，我點了一杯「黃春明咖啡」，將自己想像成遷客騷人，隨意翻閱書架上的書，也看兒童劇排練。我更在蘭陽博物館睡了個午覺，我喜歡這棟不搶眼的東海岸建築，能在如此具有藝術氣質的建築裡待上半天，即使什麼事也沒做，也是天大的享受。

有一年，我發現這樣的旅行好像還少了什麼，於是我將旅行的路線上傳網路，向所有人喊話：「在我環島路線中，若有人希望我去演講，不用客氣，只要有人想聽我都可以去，毋須酬勞，只要提供文具，我會將這些文具交給需要的人。」

在旅行之前我就幻想著自己騎著車出門，掏空行囊，把文具帶回來，把故事分享出去，再把它繼續寫下去。

很感謝有人響應這件事：Feng Chia Huang 沒辦法跟著我環島，於是直接到學校來找我對話，跟我交流，當然也留下一袋文具。我也收到竹北一家咖啡館的邀請，在飄著咖啡香味的場館演講可是我第一次的經驗，老闆人很好，幫忙募集了很多文具，還幫忙寄回學校。還有兩箱書，我辛苦地載上司馬庫斯，其實可以寄送就好，但我希望這

▲環島募文具，在 SpaceCafe。

些重量可以增加質感，而一路上的顛簸也讓我確確實實感受到書的存在，而書的存在正是上司馬庫斯的原因。

除此之外，為了感謝李建成老師不辭辛勞，到學校來為孩子們上一天影片拍攝課程，去年（二〇一六）的環島我想完成一部「台灣加油」的影片，一來要告訴孩子，完成影片並不困難，只要踩出第一步；二來是回應李老師為台灣電影的付出。李老師說：「我是來撒種子的。」我能呼應他的理念，自覺頗有「茲若人之儔乎」的風流。

我雖然拍不出很好的影片，卻願意為台灣加油，更真心希望台灣可以加油！

我打算邀請旅途過程碰到的人用最簡單的一句話替台灣加油。出發前剛好有兩場演講，一場是對新住民媽媽們演講，她們很熱情，也很樂意成為為台灣加油的一分子，課堂結束時她們各自以母語為台灣加油，我在鏡頭的這一端錄影同時感受到她們成為台灣人希望台灣愈來愈好的渴望，因為台灣已經是她們的家。

另一場則是應泰山基金會之邀跟老師們分享，參加座談的老師都是利用自己的假期前來，我原本還有點不好意思，覺得自己的請求有點突兀，沒想到在場的老師都十分樂意，而且洋溢著熱情，我相信這些老師也是真心希望為台灣加油。

沿途碰到很多人，有的人得慢慢引導，有的人則需要先給台詞；他們有的害羞，有的大方，有的雀躍，有的豪邁，當然也有拒絕的，但不管如何，鏡頭下的每一張臉孔都是實實在在的台灣人。我希望大家可以自己的母語發聲，在北埔用客家話，在宇老、司馬庫斯就用泰雅族語——雖然聽不懂這些語言，但這樣的語言在山林裡就像口簧琴的旋律，純粹而真誠。

這部影片涵蓋了許多族群，正遺憾缺少金頭髮的洋人，這樣的念頭才剛興起，前方就出現兩個騎腳踏車的外國朋友，我很高興地攔下他們，比手畫腳讓他們知道我要錄製的影片以及用意，於是這兩個蘇格蘭來的朋友慷慨地留下他們的祝福：Taiwan No.1。

帶著這些沿途收集來的影片，我與同伴一行人登上了合歡山，當天天候不佳飄著毛毛細雨，道路溼滑，我還因此滑倒，而難行的坎坷無法阻止我們，在倒地的瞬間反而有種「ＭＩＴ台灣誌」的味道，覺得瀟灑，也覺得豪邁。更因為這樣，我們上山去的信念更加強烈，沒有克服困難的過程如何加油？唯有通過考驗才值得成為這部影片的註腳，我很喜歡這部影片的結尾。

這一趟環島因為募集文具、拍攝為台灣加油的影片而更有意義，每張照片都好像是解說員似的，只要開啟便喋喋不休。我喜歡有故事的照片，也喜歡有故事的旅行，就像我常跟孩子們說的：「生命從來不是長短的問題，是長乘以寬的面積問題。」我們雖不能決定長度，卻可以決定寬度，多美妙！

暑假／WEEK 3

赤科山上的愛

某一年我跟朋友騎摩托車環島來到花東，已經騎了一天的海線，臨時決定越過海岸山脈，從豐濱來到縱谷，縱谷貫穿狹長的花東，優美而恬靜，令人心曠神怡，綿延的稻田都傍著山，而我們則是傍著鐵軌，不知道為什麼，當有火車經過跟我們並肩馳騁，就會感覺很舒爽、很悠哉。

也不知道來到哪裡，眼前突然佇立著赤科山路牌，我們聽過這座山，一陣簡單的臨時會議後便決定上山。這個地方原本不在我們的規劃行程裡，多繞這座山對我們來說不是多走了路，而是加長旅程。

赤科山很涼爽，我們挑了一家民宿喝喝茶，老闆、老闆娘很親切地跟我們聊天，老闆娘說自己原是富家女，嫁給老闆前不知道什麼是窮，也許知道窮，卻不知道窮就是

要張羅三餐，就是要手破皮、長繭。三十歲的時候上山買地，用的還是鐵路局老爸的退休金，有次老爸上山來看她，抱怨她怎麼那麼久沒下山，她說：「金針花太多還沒摘完！」沒想到隔天一早，老爸把還沒可以採收的金針摘光光，然後對她說：「沒有金針了，跟我下山！」她淚流滿面看著老爸，才知道爸爸原來這麼愛她。

我知道老爸會疼女兒，卻不知道會是怎麼樣的疼法，這段故事讓我看到很深很深的父女情。後來她張開手掌，說無名指截肢就是因為金針花，其實一進門我就看到了，只是不好意思問。她說這裡醫療不方便，她受傷後先到玉里看醫生，醫生說：「蜂窩性組織炎，可能要截肢。」

她覺得醫生的語氣沒有任何警告意味，且自己彎彎指頭，覺得還很正常，認為醫生亂講，心想先安置好客人，晚上再到花蓮急診。沒想到醫生竟然建議她上台北轉診，這次醫生一樣沒有太多表情，但她確確實實被嚇到了，而且這一去竟是兩個半月，截肢、復健、休養。

後來無名指的骨頭長出來，還要繼續療程，所以那幾年她不敢伸手收錢，也不敢給錢，她很自卑，甚至需要看心理醫生，生活全亂了套。直到某日在菜市場，有個精神狀況不好的女人在背後喊她，起初幾聲她都沒聽到，直到她拍了她的背，她才驚覺：「自己要像她一樣嗎？」她內心

▲赤科山上的金針花——一個父親與女兒的故事。

告訴自己：「我還想看著兒女成家，還想抱孫子，人生還得繼續，不能像她這樣，一定要放下。」

自此，她漸漸走出陰霾，走出金針花給她的痛，我們幾人聽到目瞪口呆，拿著茶杯不知道是喝掉的，還是灑出來了，反正杯子空了，腦袋卻裝滿了很多東西。此時，老闆娘盈盈地笑著，細心再幫我們倒茶，把她的手掌攤開數著：一二三，五。那半截無名指拿去當蠟筆，老闆娘用那一截彩繪人生。

上赤科山時蜿蜒的山路讓我們盤旋縈迴，下赤科山時蜿蜒的山路讓我們宛轉周折，因為聽了赤科山的故事，我們的行程又耽誤了許多，在玉長公路（預計轉進長濱，走海線）之前開始下大雨，就這樣一路淋雨，淋著天空摔落的文字。

在身為父親之前，我一直想像著身為人父該是什麼心情，人家說等孩子一生下來就知道了，但我真的不知道，甚至在孩子滿週歲前只知道：這是我兒子，我應該愛他。但那不是發自內心，只是「父親」的角色該有的表現，這樣一個新的生命之於我來說尚沒有深刻關聯，但上了一趟赤科山之後，我知道原來父親的愛足以毀掉整片金針花田，而母親對孩子的愛則可以把自己從絕境當中拉回來。

這樣的愛很容易理解，很直接，也很直覺，如果有任何矛盾或衝突，親情的關聯便可以解釋一切，不需要理由。

反而令我困惑的是，有個家長跟我談及的：「我有五個女兒。」

那個晚上她參加學校舉辦的志願選填說明會，「我是來幫女兒聽的。」她這麼跟我說，但在我印象中她只有三個女兒，而且不在這一屆。

不知道為什麼，她開始侃侃而談：「大伯成了植物人之後，大嫂不知去向，兩個小孩還小，你說，我能怎麼辦？」她反問我，我才知道為什麼她會出現在說明會上，但我無法給她答案，她沒有給我足夠的時間思考如何決定，但她比我果決，命運也沒給她多少時間，她就決定把兩個女孩帶回家。

「剛開始的時候你知道我有多痛苦嗎？」她噙著淚，眼中有很多酸楚，這樣的酸楚是我無法體會的，即使我嘗試說：「我知道！」也只是盡量扮演好聆聽者的角色，一如我還不知道怎麼愛自己的孩子。

「當我的女兒問我為什麼要把她們帶回來的時候，我不知道該怎麼說；當我必須把三個女兒的愛分給另外兩個女兒時，你知道我身為媽媽有多心疼？」我依然無法回應她的問題。

她抹了抹眼淚，「所以，我有五個女兒，這五個都是我的，再怎麼辛苦，我也要讓她們讀完大學，這是我身為一個媽媽應該做的。」

所有我知道的媽媽都有一分堅毅，那分堅毅頂著天，頂著屋簷，頂著不讓孩子因

為山崩地裂而受苦受難，即使自己滿身瘡痍也繼續頂著。

「老師，你知道嗎？我差點放棄，放棄是最容易，也最輕鬆。」

她又抹了一把眼淚，看到她心情有了轉折，我開始跟她聊她最小的女兒，這個小女兒鬼靈精怪同時善解人意，很得師長疼愛，也是媽媽心中的寶貝。就在媽媽破涕為笑的時候，小女兒突然出現：「怎麼？在說我壞話？」

「對啊，乖一點，妳不知道媽媽有多辛苦！」我說。

「齁！妳自己說，我是不是很乖！」小女兒對著媽媽撒嬌，媽媽也沒說什麼，點點頭，「妳看，還說我壞話！」女兒一頭鑽進媽媽的懷裡。

媽媽臉上泛著微笑的漣漪，臉上的風霜瞬間無影無蹤，反倒拂起春風，讓臉上的花苞綻放。

此時，我覺得自己成了局外人，我應該挪動腳步，讓被我擋住的光投映在這對母女身上。

▲筆直的前方將會綻放，夕陽般的光芒。

校外教學——讀萬卷書，行萬里路

我很喜歡一張照片，那是德國的幼稚園學生肖像，照片中他們剛上完課，全身是泥巴，臉上洋溢著笑容，洋溢著生活的真實笑容。杜威說：「教育即生活。」教育應該在生活之內發生，知識也該貼切生活而存在，甚至可以活用。

所以我喜歡帶學生出門，除了每年規劃不同路線，還會設計學習單，而且盡量不要交給旅行社承辦，盡量結合社區資源，讓孩子可以透過校外教學看看外面的世界，進而對自己的家鄉懷抱憧憬。

二水鄉是農業鄉，有著豐富的地方特產、悠閒的腳踏車步道、迷人的人文風景，而位於集集線上的地理位置，讓它具有發展觀光的潛力，因此我常帶孩子去參觀觀光產業發達的地方，就是希望種下日後改變家鄉的種子。

黃仲平前校長一直很支持這樣的理念，所以老師做起事來相當順手，更貼切地說，這些活動是由他帶起來的也不為過。

校外活動幾乎都是由學務處規劃、辦理，所以我跟訓育組長建峻除了打電話跟廠商聯絡之外，也要沙盤推演當日情況，紙上談兵結束之後還得到現場實地勘查，設定集合、點名地點，安排動線。有時為了在行程中省下腳踏車租金，還得把學生兵分兩路，先分成參觀組與騎車組，換組時再把腳踏車交給自己人，雖然省了錢，但這樣一來路線的規劃要求就得更精準。

有一次要到日月潭，我們在前幾天開車去探勘路線，到達的時候還下起大雨，我們得在雨中穿梭，氤氳的日月潭和碧綠的山林，讓人忍不住讚嘆，完全忘了撐傘的狼狽以及要跟廠商喊價、唱雙簧的窘迫。

「那是半年前的價格，現在客人很多，都漲了，這種價格不可能啦！」廠商直搖頭。

「不可以再便宜些嗎？」我還是不死心。

「最便宜了，不行啦！」

「我們沒租，你們就沒得賺一萬五了不是嗎？」建峻說

「要不然你們就別租啊！」廠商語氣十分有把握，他還把臉撇了過去。

看到他這樣，我們也私下商討起來，「要不我們走路過去？」建峻建議。

「不錯喔，請遊覽車在水社這裡放學生下來，散步到向山，腳踏車步道沿途的風景很漂亮。」我說。

「這樣還可以省下一萬五。」建峻強調。

「好，省下來。」我說

廠商聽我們討論到一半就覺得不對勁，打岔說：「老師，你們不能這樣啦，那條路沒有人用走的啦！」

「為什麼不行？我假日來都用走的。」我說。

「無啦，沒有人這樣的啦！」廠商語氣和緩了。

「我們跟你們搭完船，就走過去。」建峻說。

「那我們要給他們多少船費？」我故意問，「多出一萬五可以用。」

「老師，無啦，沒有人這樣的啦，那天腳踏車很多，走路不好啦！」

「我們會請小朋友靠邊走一點。」建峻說。

「散步也不錯。」我對建峻說完之後轉頭問：「半小時應該會到吧？」

說完建峻開始算錢，把一萬五折了回來，廠商見狀趕緊道：「好啦，一萬五，租你們啦！」廠商陪笑道。

「我看還是不要好了。」我說。

「為什麼？」廠商問。

「你看起來很為難，我們不喜歡為難人。」我笑笑地說。

「怎麼這樣說？大家做個朋友，不會為難啦！」

就這樣我們把錢付了，也幫孩子租到腳踏車。

學務處活動很多，常常要跟廠商「話啪啦啃」，不是我們喜歡這樣，而是為了學生，即使被拒絕了，也得捨棄尊嚴硬著頭皮再聯絡，不過也曾碰到支持我們理念的廠商，一聽到我們的計畫馬上就把價格降到最優惠，讓我們可以安安心心地做紅茶ＤＩＹ。

我們很喜歡幫學生做這些事，因為這一切不只作用在「教學」上，也作用在學生跟學生之間，也作用在學生跟老師之間。大家

▲倒影中的人，倒影中的天空，我們的足跡，踏查藏在生活中的知識。

一起出門玩，彼此相處的模式就不是課堂中的樣子，大家玩在一起，彼此的互動會很自然，階級的界線也會消失，例如有人腳踏車出了狀況，老師、同學都會幫忙排除，這樣的畫面在校外教學中屢見不鮮，透過這樣的過程，人跟人之間的關係會昇華，也會進化。

看到孩子回來之後，各組根據各自的資源、特質幫家鄉設計觀光路線，規劃自己的家鄉，然後五花八門的二水就繽紛呈現在大家眼前，我的心中總是充滿感動。當孩子對自己的家鄉侃侃而談時，不管他去校外教學是獲得何種學科知識都不重要了，因為他懂得家鄉的美。也許不是現在，但我相信等到他有能力時，這個經驗就會帶動他們改善自己的家鄉。

▲從二水到芳苑，騎腳踏車，出征。

給生命一段空白

暑假 WEEK 5

我不喜歡把生活裝得太滿，喜歡偶爾留一點點空白給自己，消化、沉澱，或者什麼都不做，單純停下腳步，鑽進發呆亭，看海、聽海，讓一望無際的視線成為全部，把自己化身為岸邊的礁岩。

我一直很喜歡蘭陽博物館。有一年環島從東北角海岸進入蘭陽平原，對眼前旖旎的海岸風光驚嘆不已，更對半屏山的特殊造型沉迷駐足，直到站了良久，才被摩托車的引擎聲提醒該解開襯衫的鈕扣，迎著風，此時唯有衣服啪啪啪的節奏才適合吹口哨！

每一次都是這樣的，在蘭陽平原盡收眼底時才驚嘆矗立的單面山赫然就在眼前。今年走的雖然是北宜公路，卻也不例外，我們尋了一處制高點休息，欣賞海濱、平原，一覽無遺的蘭陽平原令人心曠神怡，我不自覺地深深呼了一口氣，用舌尖沾了點陽光，也沾了點鹹鹹的風，在心裡擬了擬草稿，我沒把這幅畫完成，它得先發酵，等它潮溼了會有更充足的墨。

後來雨開始滴滴答答，夥伴們決定先回住的地方，但我無法忘情蘭陽博物館，決定到裡面點杯咖啡，睡個午覺，附庸風雅一番，心想在這裡午寐應該很享受。

「我跟你去吧。」宗翰說。

「好，不過我只是想去睡午覺喔！」我笑笑地說。

「我們挑靠窗的位置，一起睡。」宗翰也笑著回應。

我們的位置離外面很近，也離海很近，因為颱風天的關係，外頭的波濤洶湧。

騎了一個早上的車，我真的有點睏，但點了咖啡後不知哪來的靈感，話題便開始滔滔不絕，我忘了是從哪個地方開始，因為我們有太多次像這樣的對坐，即使國中畢業後仍維持一、兩個月就一起吃早餐、打球、閒聊。不過這會兒我成了聆聽者，像一座單面山，聆聽著太平洋的波濤……。

「我失去目標了，好像什麼事情都可以完成，卻又不知道自己可以完成什麼，好像花多一點時間就可以讓課業更好，但我卻十分迷惘，課業好一點可以有個好工作，有個好工作可以有好的收入，有好收入可以有好的人生，但什麼是『好的』人生？」宗翰丟出一個大問號。

對很多人來說他的表現總是如此理所當然，就讀偏鄉學校會考卻以田中區第一名考上彰中，高中也沒啥懸念就名列前茅，也毫無意外榮獲奧林匹亞競賽名次，大學當然就該讀台大電機……。一切看似平步青雲，其實如履薄冰，這幾年來，我們的聚會除了分享彼此經歷的事情，很多時候便是面對這些問號。

「『最好』從來不曾存在，特別是人生這條路上，會迷惘是很好的，走出這團迷霧，才能繼續往前，所以你才需要這趟環島，才需要空白。我也喜歡空白，空白就像一顆顆麥飯石，當我的思緒流過，當我的疑惑鑽過，當我越過這座山脈，」我伸出手指著博物館外的雪山山脈，「重新回到生活，回到當下，也許困擾著我的事情還在，但我已經抓緊羅盤，你也會有你的——」我拍拍他的肩膀，「羅盤。」

「來！」我端起咖啡邀他，杯子撞出清亮的陶瓷聲，我們各自了啜一口冷掉的咖啡，「你看，冷了，熱熱的喝完一定很香，但放著一點也不可惜，因為找到羅盤就該喝它一口，熱的時候喝固然美味，冷的時候喝也頗有韻致，重點不在咖啡味道如何，在

▲蘭陽博物館總是默默地填滿遊子的空白。

當下喝的感覺如何。問題是從現在往前看是看不到『最好』的，錢付了，蹲著、坐著、站著，管他海邊、山上，或傍晚、清晨，好好地把它喝完就對了，你看——」我指著窗外陰鬱的天氣，「現在是颱風天，我又累又睏，但這杯咖啡還真他媽的好喝！」

聽我用如此口語的方式說話，他便笑了出來，「沒錯！好好的喝就對了。」我記得他是這麼說的。

當下與未來的支點——吳宗翰

經歷了清晨北宜公路的洗禮，身旁逐漸邁入中年的男子臉上帶著一絲絲他獨有的倦意，認識他七年多來，這種表情雖不常見，卻也不是沒見過，這時候他的聲音會更輕柔些，講話時卻條理依舊，好似他一半的靈魂悄悄溜出了軀殼，不知跑哪兒神遊去了。慵懶的午後，我們就這樣信步在池畔，趁著颱風尚未登陸，一賞此處仲夏特有的旖旎風光。

大口呼吸著島國東北隅混合著淡淡泥土味、咖啡香的溼潤空氣，我們從一側的小門進入了博物館附設的咖啡廳，撿了斜面落地窗下的位置，開啟了七年多來我們一貫的談話模式。我很喜歡這樣的談話，很像是作家岸見一郎《被討厭的勇氣》一書中哲學家與年輕人的對話模式，言詞直白且深入各項探討的議題，卻不見蘇格拉底式的激烈辯論。我對他總是帶著很深的敬意，然而他卻從不自恃「老師」這個身分，總以令我感到舒適的方法展開談話；每每結束一段談話，我也都能有所收穫。

關於那日下午的記憶，我遺失了一些碎片，但我深深記得，那時的我有滿腹的問號想要提出，大部分是關於人生。

從國一的第一堂國文課開始，我就把他的一句話作為了人生座右銘，至今未曾改變：「不要做會讓自己後悔的事。」這麼多年來我還賦予了這句話另一層含意：「現在不做而以後會後悔的事情，要趕快去做。」歲月如梭，幾年就這樣過去了，秉持著這個信念以及比他人更多一點的毅力，我有了一段奇妙無比的高中生涯，也在世界的一些角落悄悄留下專屬於我的足印，我深深覺得幸運且幸福。憑著那股熱血還有衝勁，我與一些很棒的夥伴寫下了很多小故事：在南灣蜿蜒的公路上頂著風雨、凍得全身發抖，口中叼著一根熱氣直冒的香腸；一群人背靠背倚著，坐在塔塔加的草地上用天文望遠鏡大啖滿天星河；勇敢踏上非洲大陸，試圖為當地人民做些什麼……還有太多太多的點點滴滴，而那時候的我們，不過只是十六、七歲的少年。

我很幸運，相較於一般的高中生，有很多非常獨特的經歷，有很多故事可以向旁人娓娓道來。然而，經過大一一整年的洗禮，我的腦海中浮現出了很多疑惑，原本自認為堅不可摧的人生信念開始出現裂痕，逐漸動搖。

上了大學後，隨著空閒時間的增加，我花更多時間放空與冥想，思考人生的意義，我時常問自己：「這輩子想要的是什麼？對我而言最重要的是什麼？」從大一下學期開始，我逐漸深入探究這個問題。那半年我就這樣跌跌撞撞走過了，問題仍然沒有答案，那時的我深深渴望著七月初這趟環島之旅，想藉此釋放被桎梏的靈魂，自由自在翱翔在島嶼各處；更想跟那睿智的男子促膝長談，談談我近半年來的所思所感，試圖從他身上，找出真正的答案。

我拄著下巴，輕聲地問：「你闔上眼之前，難免會有遺憾吧？」「我要怎麼做，才能不要讓這種情形發生？」「事業、家庭、朋友……之間要如何抓取平衡點，以免留下遺憾？」囤積了數月的問題我一併拋出，一道道深刻的問句輕飄飄浮在空氣中，被清淡的咖啡香與氤氳的蒸氣溫柔地摟著，對座的男子慵懶坐著，略帶倦意的雙目盯著桌上的亮白色瓷杯，像在思考著什麼。過了好一會兒，男子口中吐出了一段語句，優雅地劃破靜謐，並不是什麼長篇大論，比起直述句，更多的是問句，當下的我覺得十分有意思，倏地陷入沉思。

對於此類人生難題，我並不期待有人能立刻給我標準答案，我深知這種問題並沒有一定的標準答案，答案取決於每個人一輩子際遇、機緣的不同而有所迥異；甚或是在人生的不同階段，答案也會有所差別。

但我卻迷惘著。

究竟我該花多少時間唸電子學？花多少時間寫程式？何時該回家陪陪爸媽？是否該跟那群久違的兄弟們聚一聚吃頓飯？是時候該衝一波熱血洋溢的旅行了吧？有太多太多的問號在腦海中迴旋漂浮著，看似豐沛的光陰大餅等著我分配，我內心卻仍舊躊躇不已，手中利刃遲遲無法揮下。

「離開人世之際，想到仍留有遺憾，想必是很可怕的吧！我也無法保證自己能做到如此呀，凡事圖個盡力、快意，如此而已！」對座的男子灑脫、卻語意深長地給了我一段回覆。即使如他年近不惑，也無法料盡天下事，預測未來呀！但對於七年多前在群山環抱的教室內，他親手交給我的人生理念，是日，有了些許昇華——對於未來「可能會發生」的遺憾，我不再如斯執著！生活是簡單的，不應有諸多顧忌，略一側頭望向窗外巍峨聳立的東北岬，心境開闊了許多。

生活一直都可以很簡單啊！在一定限度下，肆意做自己，如此而已！忘了那沒來由的煩惱，忽略該死的社會眼光吧，跟自己的內心多聊聊，沒有那麼多的藉口與理由，赤裸裸的生命是很單純的，展開雙翼努力飛是我們終此一生的宿命。平衡點很難抓，但我們無需耗費過多心思在這不斷游移的立足點上，儘管前行吧，隨著生命厚度、廣度的遞增，我們會一次又一次定義自己人生的價值。在反反覆覆的過程中，我們終將找到屬於自己、獨一無二的平衡點，而在那之前我們唯一需要做的事情是——不要愧對當下的自己，勇敢實踐每個與自己的約定。

心中的疑雲排開了大半，全身上下的血管彷彿被注入了全新的血液，心中空明澄澈，生命之火燃燒得更旺盛了些。這趟旅程已經值得，即使遠方漫漫長路仍舊朦朧不清，至少，我認出了街角的路標；至少，我跨出了堅毅無比的步伐，且懷著一顆勇敢無畏的心。瓷杯中剩下三分之一早已冷掉的黑咖啡，隱隱映著我藏不住的喜悅，輕啜一口，先是一陣苦澀鑽入喉頭，逼得我眉頭發皺，但伴隨而來的卻是陣陣回甘，以及濃郁的甜香，好似我此時此刻的心情寫照。

他說要小歇一會兒，我便逕自坐在原處不打攪他，將方才的對話內容重新咀嚼消化。自我國中畢業後，每隔數月都會回去找他聊聊近況、交流一番，每當我身處迷霧之中，是他一次又一次扮演著引路人的角色，領我前行。令我印象深刻的是，有一回他在臉書上提到，漸漸地他已經無法再給我明確的答案，因為這些路他從未走過，他不想冒然給出建議。這一直是他的風格，從不逞威風，永遠都令人如此的信任、放心。

其實，他交給我的一直都不是答案本身，而是面對問題的態度。我是幸運的，截至目前不長不短的歲月裡，他總是在我前面默默開路；每當我有疑問，都能馬上回過頭尋找燈塔、要求支援。而他卻不像我那麼幸運，他沒有燈塔，他是自己的開路先鋒，一步一步小心翼翼在雜草堆中行進，一次次跌倒，卻也一而再再而三站起，儘管前方一片迷茫，卻無所畏懼。在未來，我或許要更習於踏上這些不見人跡的路途，當日的論述就是一次很好的例子，畢竟沒有任何人能擁有完全相同的人生，即使是孿生兄弟。趁早找到自己的人生路牌，揹起行囊，剩下的就是大步前行！適當的轉換心境，摔得渾身傷痕累累並不打緊，只要能夠一次又一次站起，在反反覆覆的過程中調適，必能找到屬於自己、獨一無二的平衡點。

數月後，我騎著車再次行經蜿蜒壯麗的東北濱海公路，灼灼銀華灑落在平靜的太平洋面上，腦中依稀浮現了那場仲夏午後酣暢淋漓的對談。掀開護目鏡，我大口吸著此地特有的溼潤空氣，油門一轉，深知我已在那條正確的道路上，此刻的我不需擔憂什麼——只需無畏的，繼續前行！

快閃表演

暑假 WEEK 6

為了保持學生樂趣，寒暑假期間我們都會舉辦管樂營，也讓學生保持演奏水準，不然長假一放完又得重頭學起。但是管樂營不能只是埋頭吹吹吹、練練練，畢竟我們沒有完整的師資，沒有辦法提供完整的教學，為了讓孩子練習起來更有目的，「快閃表演」於是誕生。

為了節省經費，快閃表演通常都利用火車，目的地以集集火車線到得了的地方為主，我們去過集集，也去過車埕，也曾經「沿途停靠台中、彰化、員林」來一趟縱貫鐵路之旅。

幾年下來快閃表演已經成了樂隊寒暑假的重頭戲，學生比老師還重視，有時候管樂營時間結束還有人自願留在音樂教室練習。我喜歡在離開學校前進去音樂教室陪他

們，所以門口的第一個位置便擺了一張專屬於我的椅子，可以悄悄地聽，也可以悄悄地離開。當然，我會為他們打開教室的門，而他們決定自己要去到哪裡。

前年暑假要帶學生們到集集快閃時，本來不打算讓三年級的成員跟來，我還為此收到一封「威脅信」，他們恐嚇我一定要讓他們參加，而且所有三年級的成員都署了名。收到這封信時我特地跑到教室去說道：「所有在這裡簽名的都成了呈堂證供，威脅學務主任，大過一支！」這支大過並沒有嚇退他們，他們仍舊十分激昂，所以我還是帶了他們一起去。

老實說，收到這封信我覺得很感動，我一直希望大家都是因為喜愛而加入這個團體，一起讓這個團隊更好、更棒，所以我可

▲管樂隊集集快閃後，在月台上繼續娓娓道來音樂的故事。

▲音樂，火車，月台，十五歲的天空。

以體會這些學長姐因為無法成行而扼腕，學弟妹們也可以體會，正因為這樣，出門的不是只有這些拿著樂器的人，還有一些想跟我們同行的信念。「我希望管樂隊就像一個大家庭，學長學弟、學姐學妹相互提攜，互相幫忙，讓音樂一直在二水飄揚，要做到這一切最重要的是你們，你們是樂團的主人。」我總是這樣期許他們。

去年的快閃，我們也是到集集，甚至為了更接近「快閃」，計畫到遊客中心、火車站兩個地方。遊客中心前原本沒有什麼人，但我們臨走前已經有十幾個人駐足聆聽，而且還一直喊著安可，可惜我們不能停留，得搭下一班火車離開，前往下一個目的地：火車站。

大概是因為暑假的關係，火車站前人潮

比較多，許多遊客看到我們的陣仗覺得好奇都停了下來。我們演奏了幾首人們耳熟能詳的曲目，表演結束後有個熱心的阿伯覺得小朋友表現得很棒，要請大家喝飲料，看他費勁提著大包小包，讓我想起了〈背影〉裡的父親，但我們不像朱自清那般不識趣，大夥決定多吹奏一首，等阿伯把飲料帶過來。而為了飲料，預定搭乘的火車就在我們面前咻咻碰碰地離開。

下一班火車已經是一個半小時之後，我請學生們就地休息，沒想到竟有學生說：「老師認識的人比較多，剛剛那個人應該是他安排的臨時演員。」說完就跟同學到附近店家買東西吃了。

這段休息時間快結束時，學生陸陸續續回來，有的拿著冰棒，有的拿著蛋捲，他們買的、吃的東西也許都不一樣，但大家都有相同的回饋：「老師，我跟你說喔，那個賣冰的說我們吹得很好，只算我十元。」「蛋捲的老闆問我們是哪裡的學生，我跟他說是二水國中。」……大家聚在火車站前廣場七嘴八舌，就在大家說得眉飛色舞之際，我故意走到剛剛那兩個學生身旁說：「我認識的臨時演員很多吧？」

休息結束大夥還想繼續吹奏，我們又在廣場吹奏了幾首。為了不讓火車再從眼前溜過，我們提早進入月台，這時學生席地隨意而坐，沒有按照分部，突然負責小號、高音薩克斯風的學生不知是否福至心靈，滴滴打打地就吹了起來，其他音部一聽到旋律響起又咿咿呀呀和了起來。我站在月台一端，看著他們的背影，突然很羨慕他們，此時一旁聽眾紛紛拿起手機來拍照，我相信他們將拍到美麗的剪影，因為夕陽光輝就在學生們身旁閃耀。

回程火車上人多，車廂擠滿了旅客，其中有許多小朋友，有些小朋友對樂器很感興趣，學生就對著小朋友小小聲地吹起兒歌。有人想看三音鼓，有人則對鐵琴有興趣，後來甚至有家長索性問：「可不可以在這裡吹奏？」

我一開始覺得不甚妥，怕影響其他人，但車廂內的人直說他們都是「自己人」，要我們不用客氣，學生們聽到這樣的請求愣愣地看著我，我想起剛剛的夕陽，便給了他們一個「吹吧」的眼神。於是他們就不客氣地吹奏起來了。

以前我帶學生出遊在火車上唱過歌，這次更猛，竟在車上演奏，不過樂隊的分部很混亂，大家純然憑著對旋律的熟悉而繁絃急管，車廂內的聽眾都很熱情，演奏結束不忘給我們掌聲，車廂裡的共鳴不錯，學生們完全沉浸在充滿掌聲的舞台。

我們從龍泉演奏到源泉，下了車後，行進鼓一敲，隊形馬上出來，再沿路吹奏回學校，大鼓沒了背帶就由旁人幫忙抬著，真的很有趣，也很好玩，而這樣的「玩」就是我們管樂隊的初衷。

暑假管樂營

暑假／WEEK 7

「喂，你好，我姓盧，是高雄的管樂隊老師，我想我們可以在寒暑假的時候到學校去幫忙。」

盧又銓老師來自高雄，當時在電話中跟他就聊得滿自在，沒想到見面也是如此。他帶了團隊過來要幫忙管樂營，有的成員從高雄、屏東、台北過來，還有正從法國趕來的，他們是一群年輕人，因為《誰來管樂隊》的電視專訪而來，也為了他們熱愛的管樂。這批遠道而來的嬌客讓我對「音樂人」有了不同的看法，求學期間我總覺得音樂人高高在上，可遠觀不可褻玩焉，但他們卻相當入世，把管樂、音樂看成是生活的一部分，為了這個愛，他們願意到二水來，把所有的一切都帶齊，包含各分部老師、樂器維修師傅……，只要我們提供簡單的住宿。這一切讓我想到《牧羊少年奇幻之旅》的一句話：

「當你真心渴望追求某種事物的話，整個宇宙都會聯合起來幫你完成。」更何況這件事是大家都想完成的。

跟這群年輕朋友們聊天很舒服，也很自在，學生看到年輕的老師都很雀躍，對他們來說，這些人如同新的樂譜、新的節奏，一旦進入他們的生活便會產生火花。學生接觸到的不只是一個個音樂老師，更是一道道遠景。就算音樂不會是他們未來的選項，但曾經跟音樂碰撞過，那道漣漪將會不停在腦海蕩漾。

跟盧老師在一起沒有什麼壓力，總讓人覺得輕鬆、沒有距離，小號是他的主攻樂器，同時他也是樂團指揮。

夏煜斑老師，比較高大，人比外表和善很多，據說他的學校欠他很多鐘點費，所以期末幫他張羅了一場募款會，還做了T恤，上面印著他的口頭禪：「再一次。」他也是專攻小號，曾經是數學系的學生，為了最愛的音樂，在三年級轉系。

顏宛揚老師，第一天就「燒聲」了，不過還是很有耐心跟樂隊學生講解打擊技巧。原以為練打擊的人都比較勁爆，但她拿著扳手幫忙修理小鼓、鎖緊螺絲，一邊按壓鼓面，一邊跟我講解，說話溫溫和和，還帶有一抹南台灣的微笑。

黃靖雅老師，很有氣質的長髮美女，負責木管（豎笛、薩克斯風），搭了五個小時的車，到源泉火車站時已將近晚上八點。學生們不大敢跟她對話，原因是因為人太正了，有壓力！其實她本人很有笑容，很平易近人。前兩天她負責教導人數最多，從嘴型、指法、吹氣……一一兼顧，說話聲音好聽極了，讓人不自覺地專注。

劉真瑋老師，是最晚到達的人，根據盧老師說是從英國回來，負責長笛。她同樣是從基本的動作、嘴型開始調教，有著一頭燙捲的長髮，勾勾的，很靈活，很像音符。她也是個很有話聊的姐姐。

很高興可以認識這些人，這幾天校園飄滿了音符，都是因為他們。然而四天的管樂營終究還是得吹熄燈號，大家想給老師們一點不一樣的禮物，除了送他們管樂衣服、書之外，學生還想寫些東西在黑板上，他們問我寫些什麼好，我靈機一動，把他們的姓湊成一句話：「盧」果「夏」天「劉」下「黃」的「顏」色。老師們看到果然覺得新奇，從他們臉上的微笑以及拿手機出來拍攝的次數，便可以知道他們頗喜歡黑板上的痕跡。

接著大家席地而坐，輕鬆愜意地吃著披薩，一個一個上台分享這幾天的心得。這幾天老師都從基本教起，最後雖然沒能將他們帶來的〈Over the Rainbow〉學好，但我們相約一個月之後一定會把這首歌吹好，錄起來給老師驗收。

這四天真的收穫很多，也給學生很棒的刺激。我們不是要建立一支出場就得獎的團體，只是想要準備舞台，提供給偏鄉孩子學習、成長、建立自信，讓孩子得以藉由音符向上提升，讓孩子得以藉由五線譜抑揚頓挫，讓孩子得以藉由登場而充滿自信，也讓音樂可以單純因為快樂而存在。

去年樂團總監楊子霆老師也到二水來，帶著他們的管樂隊學生來集訓，二水的學生混在其中一起接受基礎訓練。他問我會不會奇怪他為什麼會到這裡來，其實我心裡也有這樣的大哉問，不過我相信這個問題是不需要答案的。

營隊結束前我們在二水火車站前舉辦了一場音樂會。六點半開始點亮二水車站，點亮寂寂的小鎮，一個火車也不一定準時到站的農業社區，由二水國中管樂、實踐大學管樂、黃種人樂團的主唱，以及高雄藝曲愛樂管樂團老師群輪番演出，讓原該稀稀疏疏的車站聚集人潮。我想起當初規劃踩街活動時就是以火車站為出發點，沒有什麼特殊原因，這樣的活動就該獻給二水。我是這麼跟學生說的：「五十年後，如果你坐在電動車上看到踩街隊伍經過，你會想起當初是由我們踩出了第一步。」

所以，那天的二水，很美，有學生們對音樂的執著，也有觀眾的熱情，更有老師們高超的技藝展演，三種元素摻和在一起，連經驗老到的主持人都會因為節目終將結束而不捨。鮮少聚精會神聆聽音樂演出的二水鄉民們，心中可能都想喊「安可」，卻沒有這樣的經驗，只能愣在座位上，懇求主持人幫他們留住演奏者。火車站前廣場一年到頭也沒幾次可以聚集這麼多人，而且還是在完全沒有宣傳的情況下，我們真的是用音樂征服了這個廣場，也用音樂澆灌了二水。

也許有一天我們的緣分會結束，但在結束之前，就讓我們盡情以音樂交流；在結束之後，能因為擁有彼此而倍感美妙。

▲高雄藝曲愛樂管樂團與二水國中管樂隊合照。

乾了，這一罈女兒紅

送走自己任教的班級滋味很不好受，三年了，我們一起經歷十二個春夏秋冬，賞三十六次月的盈缺，看過一千多次夕陽，唯獨今天的夕陽，最刺眼。

教室、操場、後山、八堡圳……，所有我們一起上過課的地方，我都偷偷在旁邊的樹刻上字，等哪天自己一人的時候，可以撫摩著，讀讀樹皮上的點字。

我不是排斥辦活動的人，九二八感謝老師、一二三一青春許願池、校外教學，甚至是國文課才會發生的小活動，我都很喜歡，我喜歡看到大家笑，但，就是不喜歡畢業典禮，連排放椅子都覺得心煩。椅子排好了，我們就得排演；排演好了，花圈也就送來了；擺好花圈，禮品也會寄到；等到這些禮品一一找到對應的人，曲將終人也要散了。身為學務主任是無奈的，很想跟你們一起歡笑、悲傷，但那不在職責之內，我必須緊盯燈光、音樂，讓一切按照腳本進行。眼前正在發生的事情好像都在掌握之中，卻又不在掌握之中，這也是為什麼我比較喜歡拿著國文課本上課，因為我可以跟學生一起閱讀，一起分享。

我不喜歡排演，連一次都覺得多。典禮過後，看著剛剛你們還坐著的椅子，我甚至問起自己：「今天也是排演的嗎？」

我沒有收起椅子，就讓它們在那裡擺上一晚，看空蕩蕩的球場會不會經過一夜突然變得擁擠。

幾年前和剛畢業的學生坐在警衛室外的樹下時，我對他說：「我很羨慕你們，你們擁有無限可能，那些可能像是一場旅行，崎嶇而且坎坷，但是可以激起水花，把水花掛在五線譜上，就是屬於你的樂章了。我已經從那裡走過，即使想再走一次也不可能。人生最遺憾的是，只有一次；最可貴的也是，只有一次。」

有時我會覺得自己不夠珍惜得來不易的一次，但你們還不用追悔，你們才來到入口而已。在送你們到入口前，我放了地圖、指北針、手電筒，也織了一件衣服，它不是很好看，卻是用第一堂國文課、第二堂國文課……一直到最後一堂國文課的粉筆灰勾勒的，還有一張毯子，掛滿笑聲。

謝謝你們陪我走過的這些日子，記得我常囉嗦的一句話：「如果你現在覺得國中三年精采絕倫，三年後的你也會回頭看，如同現在的你對每個以前的你微笑，三年、五年、十年後的你也會回頭看著以前的你。你在那裡等，等現在的你將手上的火把遞過去，而這一路上走過的輪廓、曲線，就是風景，就是故事。我等你們回來分享，屆時我們可以脫掉制服，用同一種身分，閒話家常。」

而這一年是該換位置的一年，四年前剛下導師，校長問我要不要當學務主任，我先是大笑，以我跟學生的相處模式，很難跟學務主任這個位置畫上等號，不過我還是答應了，我當時正陷入不知道怎麼突破自己框架的苦惱，換個位置也許會有不同的想法。但去年開始就有卸下行政的想法，感覺自己好像該往下一個階段前進了，而且校舍蓋好了，擁擠吵雜的日子過去了，學生擁有寬敞、舒適的環境，校園的秩序也已經進入新的階段，學務的工作是該告一段落了。也許還有其他因素，但我不知道在這個位置上還可以做什麼。

反倒是教學、班級經營還有許多挑戰等著我，我想成為林文虎老師口中說的「優雅」的老師，在教學上更精進；也想像陳清圳校長一樣，帶著孩子遠行，從遠行的路上撿拾課本知識，連同生活經驗一起帶回來；楊志朗老師帶學生去買書的方法，我也想做做看。

想起有一次台東大學蕭月穗教授請我去演講，老實說，我有點想推辭，因為那時我也碰到一些問題亟需解決，但我對蕭老師很敬佩，所以二話不說便答應了。搭火車途中，我一直對自己「帶著疑問出發，卻要到台東去給解答」的矛盾覺得好笑。

寂靜的夜班火車像是浴缸，而過了鳳山之後所停靠的每一站都是定時加溫的開關，我泡在裡面看著外頭被路燈點綴的黑，鐵軌則很有節奏地發出鏗鏗鏗的腳步聲。

正因為「疑問」、「答案」的相互衝擊，七、八小時的車程尚顯得短了。我是演講者，卻一直希望有人讓我醍醐灌頂，我也是一個迷惑的人，想著為什麼到台東、為什麼成為演講者、為什麼簡單的事情一件一件複雜……想著十萬個為什麼的為什麼，卻矛盾地成為台上解答的大師。

演講結束後有幾個教育夥伴向我道謝，還有個卑南族的老師（任職南王國中）分享她如何推動文化傳承而自己成立了工作室，也有學生流著眼淚陳述他碰到的瓶頸，我理所當然拍拍他的肩膀跟他說：「加油！」但這正是我困惑之處，自己也有解決不了的事情，也有不想面對的困境，一旦成為演講者，似乎就要有答案給出來，問題是，我常常是沒有答案的人。

那天中午蕭教授、黃琇屏教授約了寶桑國中楊蕙如老師一起吃飯，她看來神采飛揚，話匣子闔不起來。她是國文老師，帶著學生做科展；幫班上孩子進行補救教學，而且是每一科都補救；還借了一家餐廳讓全班學生當一日店員；幫孩子的美術作品開展，並做成明信片；大膽參加機器人比賽……。她說班上同學為了玩，把補習都停掉，因為她證明了不用補習也可以有好成績，總分四百一十二分的基測，班上平均三百二十一！

我不是喜歡談分數的人，但楊老師會帶學生玩，還不會玩掉分數，讓我很驚訝！她說：「我每日補救，也由學生補救自己的同學。」一瞬間，我成了痴痴的聆聽者，仔細詢問每個可能遺漏的細節，楊老師則很細心分享她的做法。從她口中，我似乎看到另一種可能性。

回程，從台東到新左營，我沒有座位，只能坐在門口的階梯，跟學生時代一樣，而且今天我真的像極了學生。在渾沌的大腦裡裝了新的空氣，我都忘了三個半小時怎麼過的，連同開車回家的半小時在內，我認真想像楊老師分享的每個場景，以及我能夠施行的作法，讓我等不及新教學工作的到來。

該是時候了，該是時候繼續我的下一段旅程，我憧憬著各種教學現場以及美妙的教學互動，我想回到根本，向最根本的我挑戰。為此我要有個班級，我要重新檢討我的班級經營，重新媒合我的教跟學，讓它們可以更加流暢，更有效能，讓學生可以學得更自在、輕鬆。同時我還迫切想要將「生活」帶進我的專業領域，我認為知識是從生活中萃取出來，它不曾離開過，只是我們用課本將之封印，打開課本，同時也要解放生活，若能有效結合，它一定會更加豐富有趣。

這一屆的女兒嫁了，我不想獨自喝著女兒紅宿醉，因為他們有他們的，我有我的，風流，下回再相聚我也有我的故事可以跟他們分享，所以我必須調整好步伐，繼續成為一個老師。

後記：謝謝有你們！

《特洛伊：木馬屠城》（*Troy*）是我很喜歡一部電影，在劇情即將結束之前，旁白提到：「如果世人將訴說我的故事，讓他們說，我站在巨人的肩膀上，生命的凋零如冬天的小麥，但他們的名字將永留千古；讓他們說，我活在赫克特的時代，一位偉大的領導者；讓他們說，我活在阿基里斯的時代。」

我喜歡跟學生混在一起，在教室如此，出了校門亦然，我和學生之間不會刻意標示師與生的界線，卻能很有默契地在該是師生的時候井然，在該是朋友的時候自然，也因此我從不認為自己適合從事行政工作，畢竟行政工作需遵守一定的系統與規則。

所以當黃仲平校長坐在階梯詢問我是否願意接任學務主任工作時，我先是一陣苦笑，轉念想著我帶過的忠班跟孝班，突然覺得自己似乎跨不出某個框框，再帶一個班級還是「傳峰的班」，加上那時學校正準備重建，所有的建築物都將灰飛煙滅，學生們得擠在所剩無幾的空間裡生活，我很難想像會是什麼情況，那是我初來報到時無法想像的。我喜歡這所學校，這裡建構了我與孩子們共同的生活經驗，「或許是該出來承擔的時候了。」我心裡想。

因此，我承擔了學務主任的責任，這本「週記」表面上記錄時間只是一年，卻橫跨了四個年頭，是我在這四年裡的省思啟發，以及跟孩子們的點點滴滴。不管長短，我們都會活過一個時代，一個屬於自己的年代，而這本書正是為了記錄這些足跡而存在。或許這些足跡總有一日會斑駁、風化，淹沒在歷史的荒塚，但我希望我們自己能記得，記得我們自己的稗官野史。

每帶完一屆學生，我都會很捨不得，捨不得這些才剛認識的朋友就要離開了，但我捨不得的不是時間已罄、留有遺憾，我們早已在過程中互動得淋漓盡致，我捨不得的是這些照片將會一張一張慢慢泛黃，或褪成黑白，這是歲月的洪流使然，沒有人可以阻擋，在巨輪之下，即使再豐厚的生活都會變成一朵扁扁的壓花，讓人鍼在結束的當下。

因此，暑假伊始，我就會收拾行囊，騎著車，漫無目的到處旅行，沉澱也好，逃避也罷，就是想暫時離開，離開這段讓人開心，同時也讓人心疼的當下。從另一條軌跡開始，就讓巨輪好好掛在牆上，當一個妥妥貼貼的句號，穩穩地把那些年釘在已經撕完的日曆上。

這本「週記」除了記錄擔任行政期間的點點滴滴，更是為了感謝黃校長的全力支持，好友李家榮、蕭建峻默默相挺，以及這段時間夥伴的胼手胝足，沒有這些人，我走不了這麼遠，也沒辦法做得這麼好。

另外，我還要感謝一起筆路藍縷的糾察隊，我永遠記得把臂章交給你們時說的話：「我交給你們的是責任，而不是權力。」謝謝你們讓校園變得友善；同時也要感謝農耕隊讓校園更清新亮麗，誠如你們所說，我老了，有些木頭搬不動，所以才需要你們；我還要謝謝擔任學務主任期間的「導師班」，每次早自修巡視完校園，我就會坐在這個班級裡點歌，你們的音樂讓我充滿活力，你們的勇氣讓我感到驕傲，你們的自信讓我抬頭挺胸，謝謝有你們！

我還要感謝阿牛跟阿妹，謝謝你們的擁抱，讓我可以隨時隨地保持樂觀，你們是我的太陽，也是我的月亮。最後我不得不說，還好我有一個願意幫我挺住家裡的室友——老婆，謝謝妳。

我有一個夢，
夢想有一天能以大自然爲教室，
帶孩子看雲，聽雨，賞花，走山，觀海……。

心無限——04

爲孩子張開夢想的翅膀——落山風老師愛的教育週記

作　　者　楊傳峰
照片提供　楊傳峰
美術設計　徐睿紳
版面編排　黃秋玲

總 編 輯　顏少鵬
發 行 人　顧瑞雲
出 版 者　方寸文創事業有限公司
地　　址　臺北市106大安區忠孝東路四段221號10樓
傳　　真　(02)8771-0677
客服信箱　ifangcun@gmail.com
官方網站　方寸之間—http://ifangcun.blogspot.tw/
FB粉絲團　方寸之間—http://www.facebook.com/ifangcun

法律顧問　郭亮鈞律師
印務協力　蔡慧華
印 刷 廠　華展印刷股份有限公司
總 經 銷　時報文化出版企業股份有限公司
地　　址　桃園市333龜山區萬壽路二段351號
電　　話　(02)2306-6842

ISBN　978-986-92003-9-4
初版一刷　二〇一七年七月
定　　價　新臺幣三五〇元

國家圖書館出版品預行編目（CIP）資料
為孩子張開夢想的翅膀——落山風老師愛的教育週記／楊傳峰著／初版／臺北市：方寸文創，
2017.07｜272面｜21x14.8公分（心無限系列：4）｜ISBN 978-986-92003-9-4（平裝）

1.教育　2.文集
520.7　　106009965

方寸文創
Printed in Taiwan